语言历史论丛（第十三辑）

Papers on Languages and history

Volume 13

四川师范大学汉语研究所
中国 · 成都 · 2019
The Linguistic Institute, Sichuan Normal University
Chengdu, China, 2019

巴蜀書社

《语言历史论丛》（第十三辑）

主　编　周及徐　**副主编**　袁雪梅

目　录

CONTENTS

成都方言本字26例（续一）[①]

周及徐[②]

摘　要　列举成都话中的俗语词26例，通过比较方言语音差异和与《广韵》等中古韵书联系的方法，根据语音对应规律，找出方言在中古汉语里的“本字”。

关键词　成都话　方言本字　汉语中古音　历史比较

有好多方言词，人们只知道说法，不知道写法。有时写出来了，也不知道对不对。有时以为是对的，但实际上有问题。方言词的绝大部分，或是来源于古词语，或是借自别的方言与民族

① 基金：国家社会科学后期资助项目“岷江流域方音字汇——20世纪四川方音大系之一”（项目号17FYY004）。上一篇文章见《语言历史论丛》第十辑《成都方言本字23例》。

② 作者简介：周及徐，四川师范大学语言学教授，研究方向为汉语史、现代汉语方言。

语，四川话也不例外。以下主要讨论成都话中来自古代的字或词，即所谓“本字”。这些古代字词，主要指中古时期《切韵》《集韵》等韵书已收入的字词，它们与今天的方言字词，虽然历经千年，语音有变化，但却有着严格的声、韵、调对应关系。通过这些关系，我们可知今天口语说法的来源，可知我们的语言源远流长。本文以“成都话”为例讨论，实际上，其中许多词语亦见于四川其他地区的“湖广话”和“南路话”方言①。

说明：本文每个词条的词头，用黑体字标写本词的俗写字或同音字，考证后再标出本字。注音先用“成都话拼音”，后用国际音标。“成都话拼音”，为方便不使用国际音标的读者设置。成都话拼音用汉语拼音字母，按成都话语音拼写，所代表音与汉语拼音字母略同，如：“学 xio2 [ɕio2]”“国 gue2 [kue2]”。不同之处主要是：成都话没有卷舌声母 zh-、ch-、sh-，“老”“脑”等字声母均用 n-，“泥”“牛”等字声母用 nj- [ȵ-]，“安”“爱”等字的声母用 ng- [ŋ-]，“日”“如”等字的声母用 r- [z-]，等等。成都话拼写与国际音标完全相同的字词，则只出一个拼写。关于成都话音系及其特点，请参看周及徐等《岷江方音字汇——20 世纪四川方音大系》[9] 47。

词条后方括号内为国际音标。为了排印方便，卷舌元音[ɚ]用“er”，舌尖前元音[ɿ]用“i”，塞音和塞擦音后的[h]表示送气声母，如：[ph-][th-][kh-][tsh-][tɕh-]。声调类别符号用音节末尾的数字 1、2、3、4、5 分别表示阴平、阳平、上声、去

① “湖广话”指岷江以东以北的入归阳平的方言，是明清湖广移民带来四川的；“南路话”指岷江以西以南的入声独立的方言，是四川地区元明以前的本地方言。

声、入声（用于南路话）。“4-1”表示变调，4为本调，1为变调。成都话拼音和国际音标标音的声调都如此处理。

词头以外，词条内其余标音都为国际音标，不再加括号。标音为成都话音、中古(《切韵》《集韵》)音、汉语上古音、普通话音或其他方言或语言音，都加说明。引用材料中，常见的古书、辞书不注出处。

1. 老巴子 nao3 ba1 zi2［nau3 pa1 tsi2］ 成都话指老年男子，有时指父亲（狎称）。四川其他一些地区也有同样用法。

有的词书字典解释此词为“老把式”的变音，不对。首先，音不切合。“老把式”nau3 pa3 si4，第二字声调不对应，第三字声母、声调都不对应。其次，义不切合。“老把式”又作“老把势”，指精专于某种技能的老手（《汉语大词典》“老把势”条），词义与成都话不切合。其三，成都话不用“老把式”这个词，它是外来的方言词，在成都话中只见于书面语。

“老巴子”原来当作“老波子”，就是老年男子的意思，是一个古语词。宋范成大《吴船录》卷上：“仅行二十里，至王波渡宿。蜀中称尊老者为波，祖及外祖皆曰波。”宋无名氏《爱日斋丛钞》卷五：“林谦之诗：‘惊起何波理残梦。’自注：‘述梦中所见何使君，蜀人以波呼之，犹丈人也。’”（转引自《汉语大词典》“波”下）波，中古音帮母戈韵平声，当音pɑ1（唇音字不分开合，故无u介音），韵母-ɑ今音高化为-o，故“波”今音变为po1。但是，老年男子意义的“波”由于是口语词，语音滞后，今音仍同中古音。所以“老波”的“波”读pa1，声韵调皆合于中古音。王波渡，就是王老巴子的渡口。何波，就是何老巴子。一千多年后，四川话仍用这个词。另外，“老巴子”的“子”是后缀，用“子”作后缀而不用同样功能的“儿”作后缀（或儿化韵），也说明“老巴子”是一个古代流传下来的词，比“老汉儿”nau3 xer4 一类的词要早。因为“儿”后缀（或儿化韵）是近现代才逐步出现在四川话中的。另，中古音果摄主元音为-ɑ，今音变为-o，但口语词读音保持读-a，下文“哈”字等条亦同这个语音规律。

2. 割 go2［ko2］了　成都打麻将用语，指和了（胜出），也叫“割牌了”。本字当是“合”。“割了”就是“合了”。“合”字的又一读音，《广韵·合韵》：“敆，合会也。”“合，合集。”皆音古沓切，见母合韵入声，音鸽。成都音 ko2，与之符合。在川西南路话，此词音 kə/kγ，入声，也合于《广韵》古沓切。“合”的另一普遍的音 xo2，则是《广韵·合韵》的另一音侯合切，今多用这一音。但在口语中保持了“古沓切”的音，只是不知写法。

3. 割 go2［ko2］　割不得，割什不得，不割，成都话意为与人处不好关系。例如：“这个娃娃割（什）不得人。”“我和他不割。”这个“割”就是上文中的“合”ko2，这里意为“合作”。川西南路话读 kə/kɤ，入声，也与古音相符。“割不得”就是“合不得”，“不割”就是“不合”。“割什不得”，可能是“合事不得”。

4. 巴式 si4［si4］　最初意为衣服贴身、合式，后引申为一切的舒适。有写作“巴适”者，音不符，如果是“适”，后一音当是入声。“式”字虽也是古入声字，但是在四川，无论是湖广话还是南路话“式”都读去声。“适”则成都话读阳平，南路话读入声，都不合此词。所以，此词的写法当是“巴式”。例如：“这件衣裳她穿起巴巴式式的。”“巴式得很。”

5. 巴 bɑ1［pa1］ “巴”意为“粘”“贴”，如“巴不稳”（贴不稳）、“巴倒瞅”（贴着瞧）、“锅巴”（粘在锅底的半焦的米饭）。这个“巴”是一个上古汉语滞留的词，原作“傅”或“敷”，上古音＊pa。例如：《左传·僖公十四年》：“皮之不存，毛将安傅？”用今天的成都话来说就是：皮皮都不在了，毛毛还巴倒哪儿呢？《诗·小雅·菀柳》：“有鸟高飞，亦傅于天。”今译就是：（那）鸟飞得好高，都巴倒（着）天了。上古音语音滞后，一直保存至今，类似于“父”与“爸”。笔者曾有文《古“甫”今“巴”话语源》[7]举类似例子，可以参看。

6. 怕 pɑ1［pha1］和 读“怕”的阴平声，意为软。pha1在成都话中用得很广泛，例如“pha1耳朵”“脚pha1手软”“半夜吃桃子，按倒pha1的捏”“稀溜pha1”，等等，音和义都很明白，当是从人病无力引申为物体软和。这个词在成都话中的历史很久。杰出的方言作家李劼人在用成都方言写成的长篇小说《暴风雨前》里，就记了“㞎pha1耳朵”这个词，还注解：“此是四川俗字，音怕字平声，软也。”[3]81说明这个词在成都话中至少已有百年的历史了。李氏还作了一个字源考证：“本是腐字重唇音。”“腐”意为“腐烂”，奉母上声，音、义对成都话的pha1

都有点勉强，只有-a 韵对“腐”的古音有道理。我认为这个字对“痡”，上古音＊paa，滂母鱼部平声，疲软、无力。《诗·周南·卷耳》：“我马瘏矣，我仆痡矣。”孔颖达疏：“痡，人疲不能行之病。”声韵调与意义皆合。上古鱼部韵母到现代汉语的高化链是＊-aa ＞ -o ＞ -u，此词还滞留在上古音阶段，与上一条“巴”(贴)对“敷”是同一个规律。这个解释也是 1999 年那篇文章《古“甫”今“巴”话语源》提出的[7]，当时只是解释成都话熟语，还没见到李劼人书中“pha1 耳朵”的用例和注解。现在见到李氏的解“本字是腐的重唇音”，钦佩他虽不是音韵学家，但在音韵学上还真有见地。

7. 干巴 bɑ1［pa1］　牛肉，晾晒干的块状牛肉。近年来旅游热，在去阿坝州九寨沟旅游的路上，藏族、羌族同胞有很多干巴牛肉出售，是高原本地特产，通常是牦牛肉，实际就是脱去水分便于保存的干肉，类似于汉族的腊肉。干巴肉，是民族语味道很浓的一个词。《集韵·麻韵》：“羓，腊属。”古有此词。但更追下去，羌语也有此词：tshe bɑ（腊肉）[2]290，且整个词对应于上古汉语“胾脯＊tsrɯs＊paʔ”，干肉。因为干肉“巴”直接对应于上古汉语的“脯”，而且现在羌语用上古词，这倒难说汉语与羌语是谁借给谁了。说是汉藏语族共有的同源词比较妥当。明李实《蜀语》：“干肉及饼曰巴。牛肉曰牛干巴，荞饼曰荞巴，盐块曰盐巴，土块曰土巴之类。”按：这里是把两个同音词合在一起了。应分开：“干肉曰巴”是一词，“饼（类）曰巴”是另一词，今作“粑”。另外，还有意义为“贴”的“巴”，是第三个同音词（参见“巴”条）。另外，四川方言还把“爬”读作

“巴”，如“巴壁虎”(爬壁虎)。四者都应分开，不应混为一词。

又：有些奇怪，今四川方言中音［pa］［pha］的好多字，如“脚痡［pha1］手软”“糍铺［pa1］”“铺［pa4］床”“傅/敷［pa1］壁虎儿”“扶［pa1］倒肩膀”“干脯（粑）［pa1］牛肉”，等等，在上古音有根底，依古音滞后规律，当入麻韵（以平赅上去），但在《广韵》《集韵》却只在模、鱼、虞韵有这些字。由此想见，《广韵》，尤其是《集韵》收字虽多，但是限于当时的条件，并不能做广泛的全国方言调查，也不能完全地收录当时各地的方言词，只是沿用前代韵书，或以作者所知为依据。而这些作者的方言中，上述这些字的韵母都依规律高化到 -o 了，故不见于麻韵字（“爸”与“父”并存不在此例）。可以说这些四川方言词存在比较多的保留了上古音鱼部的语音滞留现象。

8. 茅司［si1］ 指厕所，在四川地区很多地方都用此词。其他方言中有“茅厕”“茅坑”等说法，但没有“茅 si1”的读音。曾猜想这是“茅茨”的音变，但语音不甚妥帖。最近看郑张尚芳先生在《胭脂与焉支》里说道：(古代) 设厕所要偏于全所房屋之东角，说成“东司”“东厮”“东厕”“东圊”“东净”等等（《古尊宿语录》《醒世恒言》等宋明语料）[6]93。这才想到，四川话里的“茅 si1”应当是“茅司”，是从“东司”演变而来，茅指茅房，si1 音与“司”声韵调俱合，由官署引申为办事的地点。

9. 合式 ho2 si4［xo2 si4］ 有人写作“合适”，音不对，“合式”的“式”湖广话和南路话都读去声，“适”则要读阳平或入声。参见“巴”条。

10. 哈 hɑ1 ［xa1］气　成都话指张口呼气。本字当是“呵”。《集韵·歌韵》：“呵、歌，《博雅》：‘呵呵哑哑，笑也。’一曰气出。或从欠。”虎何切。中古音［xa］平声，语音滞后，与今音符。

11. 哈 hɑ1 ［xa1］　哈哈大笑。本字当是“呵”，见上条。

12. 哈宝儿 hɑ3 ber3 ［xa3 per3］　成都话指傻瓜，“哈”就是傻，也可以单用。例如：“你咋个那么哈哦！”本字当是“呵”。《集韵·哿韵》：“欱、㘅，大笑。”许我切，中古音 xa 上声。此字《广韵》收在去声个韵，《集韵》调整为上声，今音 xa3 与之符。（“㘅”字又入《集韵·马韵》，许下切，义同。当是果摄语音滞后入假摄）词义不切合，当是从大笑义引申为傻。《西游记》第二十回：“行者道：‘老儿，莫说哈话，我们出家人，不走回头路。’”“哈话”就是“呵话”“傻话”，明代时“呵”的书面语音已高化为 -o，所以口语改用“哈”字才能记录口语音。这样看，“傻呵呵”一词倒是用了本字。我们在《岷江方音字汇——20 世纪四川方音大系》中列了“哈（傻）”字条，说找不到本字[9]20。书刚出版，就想到了这条。

13. 哈 hɑ3 ［xa3］　成都话用于句尾语气词，表示祈使、揣测，特用于取得对方同意。例如：“我们一起上街哈！”“我们下午 4 点钟见哈！”“你不要客气哈！”这个语气词，南路话音“伙”xo3。例如崇州话：“我们一路去伙？”“不要（合音彪）怄气伙！”郑张尚芳先生的《胭脂与焉支·张爱玲传播的通俗语源》说吴方言（温州话、苏州话）此词音hho，多用于告知对方的场合，表示强调、提示、祈使、揣测等语气："再会～""你走好～"。实际就是"吓"，"相公吓""夫人吓"多见于旧昆曲剧本中[6]169。这提醒了我。成都话语气词的xa3、南路话语气词的xo3也是这个"吓"。成都话还在麻韵xa3，南路话元音高化到了果摄xo3。注意，这个语气词不是像前面三条的实义词"哈"是从歌韵来的，而是从麻韵来的。更重要的是，南路话的这个语气词与吴方言的语气词从语音到语义都很相似。

14. 款 kuan3 [khuan3]　指拘禁。例如：成都话"他（做不法的事）被khuan3起来了"，意为"被关起来了"。本字当是"攌"。《集韵·潸韵》："攌，木栅也。《史记》：攌若囚拘。"户版切，上声。这应是一个方言中的承古词。字本是匣母，当读擦音声母，变读为送气塞音kh-，这在古今音变中是多见的。

15. 款款 kuan4 kuan4-1 [khuan4 khuan4-1]　（这个音节去声缺字，只好用上声字"款"代替）指旧式窗子的栅栏，或桌椅旁边作装饰的横竖的木条，加拿大医生启尔德（O. L. Kilborn，1867—1920年）的《民国四川话——英语教科书》[4]，书中第187句"椅子的脚脚、横横（khuan4 khuan1）、靠背、各处缝缝，都要攃（抹）干净"，把这个字写作"横横"，是找不到该词的写法。启尔德记的是1910年前后的成都话（湖广话），记得很真实，这个词今天成都话还用。上一条中的《集韵·潸韵》"攌，木栅也"户版切，上声，就是这个字，浊声母的上声字，今读去声，符合规律。"攌"上声为动词khuan3（参见上一条），去声为名词 khuan4，方言中利用声调区别了词性。

16. 产 can3［tshan3］ 指用手抽打。例如：“产牛牛儿”（抽陀螺），“产耳巴子”（打耳光）。本字当是“摌”。《广韵·产韵》：“摌，以手核物。”所简切，上声。《广韵·海韵》：“核，动也。”胡改切，音亥。《玉篇·手部》：“核，撼动也。”声符“产”字在汉语中由擦音变为塞擦音，故“摌”也读为塞擦音，声韵调俱合。这又是一个成都话的承古方言词，《汉语大词典》“摌”字条下未收此义，大概是今北方话不用。

17. 过 go4［ko4］ 抓 指买东西时，颗粒或块状的东西用一把抓的方式，不许逐个挑选。四川方言用“过”的句式还有很多，例如：“他耳朵不好，说话要过喊。”“一下（一共）有好多？要过数。”“竞走比赛不能跑，要过走。”“过”在这种情况下指动作的方式。四川话这种表达用得很多，显得特殊，以前不知此义何来。其实这个“过”就是“走过”“经过”的引申用法，与“道路”的“道”引申为方法、方式是同样的引申类型，即抽象化的相关引申。不过，“道”引申后仍是名词，如“传道”“门道”“得道”；而“过”的这种引申成为副词，在动词前作状语。如：“现而今当公务员要过考。”

18. 嘛 ma2 成都话句尾语气词，表示祈使、疑问、商议、点出话题等（今成都话用“嘛”，不用“吧 pa4”）。例如：“走快点儿嘛！”“你到哪儿去嘛？”“要不然你先走嘛？”“我嘛，是成都人。”本字当是“麽”，今简写为“么”。《集韵·戈韵》：

"麽，细小曰麽。"眉波切，中古音 ma 平声 ＞ ma2。当时又用为句尾语气词。例如：唐贾岛《王侍御南原庄》："南庄宿雨后，仍许重来麽？"中古音滞后，一直沿用，例如《儒林外史》第二二回："我麽，姓牛，名瑶，草字叫做玉圃。"今成都话与之一致。成都话的"嘛" ma2 与今北京话句尾语气词"吗"同源，成都话次浊归阳平，合于音变规律。今四川绵阳话也用这个词，只是元音高化，音 me2。

19. 么 mo2 包括崇州话在内的南路话很多都用这个句尾语气词，表疑问。例如崇州话："你去么 ȵi3 tɕie5 mo2？""他要上成都，是么 mo2？"本字当是"无"。《广韵·虞韵》："无，有无也。"武夫切，中古音 mʉo 平声 ＞ mo2 。又用为句尾语气词。例如：白居易《问刘十九》："向晚天欲雪，能饮一杯无？"中古音 mo2，常用词语音滞后，口语中一直沿用。例如《红楼梦》第六回："刘姥姥便拉住了一个问道：'我问哥儿一声，有个周大娘可在家么？'"（吴方言）这个"么"mo2，便是中古的"无"。书面语声母轻唇化、元音高化变为 wu2。例如《红楼梦》第三十四回《题帕诗其三》："彩线难收面上珠，湘江旧迹已模糊。窗前亦有千竿竹，不识香痕渍也无？"今四川南路话用"么" mo2（古无），而成都话用"嘛" ma2（古麽）。是南路话与湖广话的区别之一，亦可见南路话与吴方言的底层联系（参见"地踏"条）。今佛号念"南无阿弥陀佛"，"南无"读 nam2 mo2，亦沿自中古音。又，《汉语大词典》将"无"的句尾疑问语气词用法，列入 wú 音下，"12. 副词。用于句末，表示疑问，相当于'否'。"四个书证全是书面诗文，而未指出在实际的方言中，这个词音 mo2。

20. 吃莽莽 mang1 mang1 [maŋ1 maŋ1]　小儿语，指吃饭。四川方言中此说法分布很广。《宜宾方言本字考与宜宾湘方言研究》有解，引于此：《广韵·敢韵》“䭛，吴人呼哺儿也”。谟敢切。郑张尚芳先生告知，苏州仍然有此说法。陈晓锦先生告知，广州也有此说法。日本东京大学柯理思教授告知，日本喂小孩也是这个音，可能是很早从吴语区传到日本的[10]176。周按：《集韵·敢韵》：“䭛，吴人谓哺子曰䭛。”母敢切。与《广韵》略同。䭛的韵尾-m 今变为-ŋ，是合理的。声调从上声变为阴平，则不知原因。

21. 肉嘎嘎 ga3 ga3-2 [ka3 ka3-2]　剑川白语 ka42，肉[1]。碧江、大理白语与之相近，另还有基诺语 ke35，与之接近[5]。这是一个从少数民族语借到汉语的合璧词，由汉语和白语语素结合构成，ka3 的声韵调都与白语 ka42 接近。“嘎嘎”在四川很多方言中也可以独用表示肉，这已经作为一个词深植于汉语方言中，例如：“猪嘎嘎”“鸡嘎嘎”“肥嘎嘎”“吃嘎嘎”。可见在历史上，不仅汉语影响周围的民族语，民族语也对汉语产生了深刻的影响。《宜宾方言本字考与宜宾湘方言研究》解释方言“嘎嘎（肉）”从猪叫声拟声而来[10]176。义迂远而音不贴合。

22. 坛贤 xian2 [ɕian2]　成都话指泡菜坛子上匚边沿，盛水封住坛口的地方，有“坛贤”“坛贤水”的说法。曾认为此字是“沿”，现代一些文学作品也这样用。例如：茅盾《陀螺》

一：“她将剩大半枝的香烟横架在烟灰盘沿。”老舍《四世同堂》三四：“钱先生还坐在床沿上……”这是北京等地的口语。《广韵·仙韵》“沿”与专切，今音 yan2，或失去圆唇读 ian2，都与成都话声母 ɕ-不合。成都话此字当是“舷”。《广韵·先韵》：“舷，船舷。”胡田切，音 ɕian2，意为船边，声韵调相合，意义从“船边”引申为其他物体的边。“舷”成都话今读撮口 ɕyan2，但此词中读齐齿，保持古读。四川安岳县太平乡老湘语有说“坛沿沿”“碗边边”是“坛然 zan2 然”“碗然然”。这仍是“舷”的读音，匣母细音字读浊音 z-/ʑ-。这是当地清初移民四川的老湘语音，当地另有“贤惠”说成“然惠”，“学堂”说成“若堂”等，与此平行①。如果是以母的“沿”则不当有 z-/ʑ-。

23. 床贤 xian2［ɕian2］ 成都话指床的两侧边沿。例如：“坐在床 ɕian2/ ɕian2 ɕian1 上。”2018 年在四川青川县调查方言时，发音合作人孙长华先生告诉我，当地（湖广话）也是这个说法。本字也应当是“舷”字。见上条。

24. 特儿 ter1［ther1］宝 成都话意思为“傻瓜”。第一个儿化音节 ter1 的本字，不知是何。查《集韵·咍韵》：“嬯、儓，钝劣貌，或从人。”汤来切，胎同音。声、韵、调均符合，韵母 ai 儿化后变为卷舌元音 er。南路话“苔狗儿”thai1 ker3（傻瓜），单独作形容词不儿化：“你咋这么苔哦”（苔 thai1，傻）。本字正当是“嬯”或“儓”。

---

① 感谢河海大学杨荣华教授提供四川安岳话语料。

25. 地踏 tɑ2［tha2］，踏踏 成都话意为“地方”“地点”。例如：“那个地踏在哪儿？”“你在哪个踏踏？”这个字一直找不到。前几天看郑张尚芳先生的《胭脂与焉支》，说温州方言词“地堂”指地方，又写作“地宕”，房子称“屋宕”，温州话读堂上声[6]125、283。这才恍然大悟，“地踏”是“地堂”的变体，声母、声调均相符而失去了鼻音韵尾：thang2 > tha2 。四川阆中把“堂屋”，说成“tha2 屋”，与此变化平行。有的地方（阆中、三台、巴中）也说“tha2 tha2”。四川“堂屋”说成“陶 thau2 屋”的居多，例如成都、盐亭，也是语流音变：thang2 > thau2。西昌把地点说成“宕”，例如“这个宕”“那个宕”，也应是“堂”的音变。如此四川话的说法与温州话此词相近。温州话是吴方言，四川方言的底层有长江下游的吴方言的同质成分，这又是一个证据。

有个问题是，南路话也用这个词，但是音 thæ5 thæ5，是入声韵入声调，不相对应。解释是：成都话中的 tha2 tha2 借入到南路话，-a2在南路话中只能对应入声韵-æ5，所以成为 thæ5 thæ5。

26. 四川有的地方还把地点说成“堂**根**儿”（自贡）、“堂**官**儿”（宜宾）、“这**干**堂”（泸州），意思为地点、人家①。词中“堂”字解见上条。词中“根”“官”“干”都是“间”的音变。“间”读 kan1 在四川话常见，属二等见系字不腭化现象，儿化则为 ker1 。“堂间”“间堂”都应当指“堂屋”，旧时每家人祭

① 感谢周夏冰、熊巧、赵丽娟、张驰、王倩、马菊等同志提供四川其他地方“地踏”的说法。

祀的正屋，引申为人家，再引申为地点。温州话房间面积说“间宕”[6]283，与此相一致。

参考文献：

［1］黄布凡. 藏缅语族语言词汇［M］. 北京：中央民族学院出版社，1992.

［2］黄成龙. 蒲溪羌语［M］. 北京：民族出版社，2007.

［3］李劼人. 暴风雨前［A］//李劼人全集：第二卷［Z］. 成都：四川文艺出版社，2011.

［4］启尔德（O. L. Kilborn）. 民国四川话——英语教科书［M］. 成都：四川人民出版社，2015.

［5］藏缅语族语言的语音和词汇编写组. 藏缅语族语言的语音和词汇［M］. 北京：商务印书馆，1991.

［6］郑张尚芳. 胭脂与焉支［M］. 上海：上海教育出版社，2019.

［7］周及徐. 古“甫”今“巴”话语源［J］. 语文建设，1999（6）.

［8］周及徐. 南路话和湖广话的语音特点——兼论四川两大方言的历史关系［J］. 语言研究，2013（1）.

［9］周及徐等. 岷江方音字汇——20世纪四川方音大系［M］. 成都：四川大学出版社，2019.

［10］左福光. 宜宾方言本字考与宜宾湘方言研究［M］. 香港：华文国际出版社，2016.

26 Examples from MC Etymons to Colloquial Words in Modern Chengdu Speech

Zhou Jixu

(College of Liberal Arts, Sichuan Normal University; Chengdu, Sichuan; 610068)

Abstract: The article lists 26 examples of colloquial words in the Modern Chengdu Speech. By comparing the phonological differences between dialects and the ancient Chinese rhyme books such as *Guang Yun* and so on, according to the corresponding rules of historical phonology, we find out the "original characters" of the dialect Words in the Middle Chinese.

Key words: modern Chengdu speech; original character; Middle Chinese sound; comparative historical method

成都话“四”和“十”的语音区别[①]

周 岷[②]

摘 要 本文通过听辨实验和数据统计的方法，探寻当代成都话中“四”和“十”的语音区别，从语流对单字声调的影响及调位听辨在不同人群中的区别等方面，对这一现象做出分析。

关键词 成都话 四和十 语音区别

一、问题的提出

很多外地人（非成都籍人士）在成都学习、工作和生活。

---

① 项目基金：国家社会科学后期资助项目“岷江流域方音字汇——20世纪四川方音大系之一”（项目号17FYY004）。

② 作者简介：周岷，成都人。四川师范大学文学院讲师、语言学博士。专业方向为语言学、汉语研究。

他们在很多场合，如购物、讨价还价时经常混淆成都人口中的“四”和“十”。比如“这个东西十块钱一斤”还是“四块钱一斤”，“两个冰淇淋十块钱”还是“四块钱”，等等。外地人对成都话中“四”和“十”的听觉感知为什么会出现偏差？

（一）“四”“十”的语音特征分析

在现代汉语普通话中，“四”读［sɿ^{51}］，“十”读［ʂʅ^{35}］。这二字在声、韵、调上都有所区别。且从调型上看，二者一升一降，相差甚远，所以是易于分辨的。

当代成都话属于西南官话成渝片方言，该片方言普遍具有声母不分平翘舌、入归阳平等特点。当代成都话声母不分舌尖前舌尖后，无论是古精组字还是古知系字都读舌尖前音。在成都话中，“四”读［sɿ^{213}］，“十”读［sɿ^{31}］，调类分别是去声和阳平，与普通话调值不同。因此，在当代成都话中，这两个字的字音只在声调上有所区别，一个为凹调213，一个为中降调31，在本地人的听感中区别还是清楚的。

由此可见，和现代汉语普通话相比，当代成都话“四”和“十”的区别更小：普通话既有音质音位（辅音、元音）又有非音质音位（声调）的区别，而成都话仅靠非音质音位（声调）将它们区别开来。

（二）成都话中“四”和“十”的声调

前文已分析，当代成都话“四”和“十”音质音位相同，音节同为［sɿ］，二者仅仅依靠调位的区别形成最小对立体。根据前人的研究，当代成都话阳平调本字调调值为21或31调，去声为213或212调[1][2][3][4][5][6][7]。在实际语流中，数字词常与量词组合成二字词（组）。当代成都话为典型的左重型方言，即二字词前重后轻，前字一般不容易发生变调。但是，“四”在成都话为去声，是一曲折调。在实际语流中，当“四”后接另一声调也为去声的量词，前字常常发生声调的异化，如“四个”“四份”“四万”等，声调有可能由213 +213 变为21 +213。这样一来，“四”的声调变为了21，和“十”的调值一样，发生了“音位交叉”[8]149。那么，是否每当“四”后接声调为去声的量词后，人们就会将其混淆为“十”呢？为了弄清楚这个问题，我们设计了一个简单的听辨实验求证。

二、当代成都话“四”和“十”听辨实验

为了探寻不同方言背景的人对成都话“四”“十”区别的听觉感知问题，以及这两个数字到底在与哪种调类的量词组合时容易出现混淆，我们设计了一个简单的听辨实验①。

（一）听辨实验的设计

首先选择成都当地人进行采样录音，让发音人用成都话日常说话时的正常语速说出以下句子：

① 四川师范大学汉语言文学专业2015、2016级学生黄佳薇、邱诗敏、陈琬女、田海丁、王波及王蓉等在实验设计、数据采集等活动中承担了部分任务，并对实验过程的改进提出了自己的见解，这里向他们表示感谢。

表一　成都话“四”“十”听辨实验调查表

序号	句子	数字和后字的调类组合
1	一共十块钱。	2+3
2	我买了四件衣服。	4+4
3	老板儿，给我拿十个棒棒糖。	2+4
4	我要去北京出差四天。	4+1
5	我充四块钱。	4+3
6	他十月份过生。	2+2
7	调个闹钟，十点起来。	2+3
8	任务完成十分之一了。	2+1
9	借我四万块钱。	4+4
10	我们十点出发。	2+3
11	我下个月四号要请假。	4+4
12	请帮我按下十楼。	2+2
13	我住到十栋的。	2+4
14	把电视打开，看中央四台。	4+2
15	这个不贵，四块钱就买得到。	4+3
16	四班的同学考得最好。	4+1
17	只有四分钟了，我们还输起的。	4+1
18	我订了一个四人餐。	4+2
19	那个四号投球有点准。	4+4
20	十频道的节目有点儿好看。	2+2

录音完成后，选择成都本地人及外地人为受试者，让他们试听该录音材料，并完成如下调查问卷：

性别： 年龄： 出生地： 成长地： 母语方言：

已在成都生活多长时间：

下列句中包含数字“四”或“十”，请选择你所听到的数字：

1. A. 四 B. 十

2. A. 四 B. 十

3. A. 四 B. 十

……

需要对该听辨实验的设计相关问题做以下几点说明：

第一，录音使用的材料选自当代成都话日常生活中常使用的句子，以保证发音人能在采样过程中以最自然的状态说出这些句子，从而确保录音材料能最大程度体现成都话的自然语流。

第二，为了方便考察“四”和“十”在不同组合条件下的变调问题，我们在设计句子时，尽量让“四”和“十”的二字组合的后字的声调有不同，如“一共十块钱”，“十”与后字声调调类的组合条件为2+3；“我买了四件衣服”声调调类的组合条件为4+4。

第三，为保证听辨实验得到的数据准确，确保受试者只能根据自己的听感来作答，我们设计的录音材料中每句话中出现数字“四”或“十”的地方都能互换，如“十块钱”可以换成“四块钱”，“中央四台”亦可以换成“中央十台”。不设计语义上或搭配上不能成立的句子，如“四分钱”不能换为“十分钱”。有些替换在语义上虽然成立，但是替换后词的组合类型不同，如“这个东西可以使用四五年”虽然可以替换为“这个东西可以使用十五年”，但是前句是约数的习惯表达，后句不是。

第四，受试者分为以成都话为母语者与以非成都话为母语者，我们主要对母语为成都话受试者的实验结果进行分析。但为了方便后期进一步深入研究，我们在设计调查问卷时也对受试者的方言背景、性别、年龄等信息进行一定的了解。

（二）发音样本采集

2019 年夏，我们找到 3 个成都本地发音人，对听辨实验所需要的成都话发音样本进行了采样录音。综合考虑录音质量等因素，我们最终选择其中一个发音人的录音进行听辨实验，样本采集情况如下：

发音人情况：男，23 岁，出生地、成长地均在成都城区，文化程度为大学本科

调查时间：2019 年 8 月 14 日

调查地点：成都市金牛区银海中心

调查人：黄佳薇

调查设备：笔记本电脑；斐风语言田野调查及分析系统 2. 2. 1 版

（三）听辨实验过程

2019 年 8 月，课题组在对录音进行后期处理后，将四川师范大学汉语言文学专业本科三年级部分学生作为实验对象，进行听辨实验。现将实验过程做简要介绍：

受试者人数：251 人（共五个班级，分五次测试）

有效受试者人数：244 人（只统计答题率在一半以上的受试者）

听辨实验时间：2019 年 8 月 26—27 日

听辨实验地点：四川师范大学（狮子山校区）普通教室、

智慧课堂教室

受试者年龄段：18—22 岁

受试者文化程度：大学本科

受试者方言背景：受试者主要来自西南官话成渝片方言地区，以及西南官话非成渝片方言区；此外还有部分受试者来自其他官话方言区以及其他非官话方言区。所有受试者均在成都生活两年及以上。

三、听辨实验结果统计

我们对收集的 244 位有效听辨者的听辨情况从分班听辨准确率、听辨准确率、单句听辨准确率等方面进行统计，并单独统计了母语为成都话受试者的听辨情况。

（一）听辨实验准确率统计

统计所有 244 位有效受试者的答卷，其听辨准确率平均值为 82. 36%（注：本文所有的百分比计算均保留小数点后两位，下文不再说明）。

统计 244 位有效受试者的答卷，他们对 20 句成都话发音样本的听辨准确率如下表所示：

表二　所有受试者单句听辨准确率统计表

句子	1. 一共十块钱。	2. 我买了四件衣服。	3. 老板儿，给我拿十个棒棒糖。	4. 我要去北京出差四天。	5. 我充四块钱。
正确人数	212	221	107	103	225
准确率（%）	86. 89	90. 57	43. 85	42. 21	92. 21
句子	6. 他十月份过生。	7. 调个闹钟，十点起来。	8. 任务完成十分之一了。	9. 借我四万块钱。	10. 我们十点出发。
正确人数	191	212	219	162	233
准确率（%）	78. 28	86. 89	89. 75	66. 39	95. 49
句子	11. 我下个月四号要请假。	12. 请帮我按下十楼。	13. 我住到十栋的。	14. 把电视打开，看中央四台。	15. 这个不贵，四块钱就买得到。
正确人数	218	224	180	214	190
准确率（%）	89. 34	91. 8	73. 77	87. 7	77. 87
句子	16. 四班的同学考得最好。	17. 只有四分钟了，我们还输起的。	18. 我订了一个四人餐。	19. 那个四号投球有点儿准。	20. 十频道的节目有点儿好看。
正确人数	229	215	221	224	219
准确率（%）	93. 85	88. 11	90. 57	91. 8	89. 75

（二）成都当地人听辨准确率统计

参照前文的方法统计，在244份有效答卷中，只统计母语方言为成都话的受试者的数据，共14份，其听辨准确率为92.5%。

统计14位母语方言为成都话受试者的答卷，其每句话听辨的准确率如下表：

表三 母语为成都话受试者单句听辨准确率统计表

句子	1. 一共十块钱。	2. 我买了四件衣服。	3. 老板儿，给我拿十个棒棒糖。	4. 我要去北京出差四天。	5. 我充四块钱。
正确人数	14	14	7	10	14
准确率（%）	100	100	50	71.43	100
句子	6. 他十月份过生。	7. 调个闹钟，十点起来。	8. 任务完成十分之一了。	9. 借我四万块钱。	10. 我们十点出发。
正确人数	11	13	14	12	14
准确率（%）	78.57	92.86	100	85.71	100
句子	11. 我下个月四号要请假。	12. 请帮我按下十楼。	13. 我住到十栋的。	14. 把电视打开，看中央四台。	15. 这个不贵，四块钱就买得到。
正确人数	14	14	11	14	13
准确率（%）	100	100	78.57	100	92.86

句子	16. 四班的同学考得最好。	17. 只有四分钟了，我们还输起的。	18. 我订了一个四人餐。	19. 那个四号投球有点儿准。	20. 十频道的节目有点儿好看。
正确人数	14	14	14	14	14
准确率（%）	100	100	100	100	100

四、听辨实验统计结果分析

首先我们对统计结果做几项对比。

第一，统计所有 244 位受试者，其听辨的准确率为 82.36%。其中，母语方言为成都话的受试者听辨的准确率为 92.5%，母语方言为非成都话的受试者听辨的准确率为 81.7%。将这些数据列表对比如下：

表四　不同受试者听辨准确率对比统计表

母语方言	成都话	非成都话	总计
有效卷数	14	230	244
准确率（%）	92.5	81.7	82.36

由此可见，母语为成都话的受试者听辨准确率要远高于母语为非成都话的受试者。这是因为成都人对自己母语方言已形成调位意识，对这两个数字的听辨准确率要远高于平均水平。

第二，观察在具体语流中“四”“十”二字的听辨情况，听辨准确率所处的语流环境排前五的分别是：

表五　听辨准确率排名前五统计表

句子	10. 我们十点出发。	16. 四班的同学考得最好。	5. 我充四块钱。	12. 请帮我按下十楼。	19. 那个四号投球有点儿准。
正确人数	233	229	225	224	224
准确率（%）	95.49	93.85	92.21	91.8	91.8
准确率排名	1	2	3	4	4

其中，在母语为成都话的受试者中，观察其听辨情况，有13句话的听辨准确率都达到100%，分别为第1、2、5、8、10、11、12、14、16、17、18、19、20句（序号所对应的具体句子详见表一）。

由此可见，无论是母语为成都话的受试者还是母语为非成都话的受试者，对第10、16、5、12、19五个句子的听辨准确率较高。分析这几句中数字“四”或“十”所处的语流环境，其调类组合方式分别为：

表六　听辨准确率排名前五调位组合方式统计表

句子	10. 我们十点出发。	16. 四班的同学考得最好。	5. 我充四块钱。	12. 请帮我按下十楼。	19. 那个四号投球有点儿准。
调类组合	2+3	4+1	4+3	2+2	4+4

由此可见，当“四”和“十”与后字调类不相同时，听辨率一般都较高，如2+3、4+1、4+3等组合。但是，第12句和第19句中出现的2+2及4+4组合，特别是4+4组合，其听辨

率却并未像我们之前预判的那样降低，后文对这个问题有进一步讨论。

第三，观察在具体语流中“四”“十”二字的听辨情况，听辨准确率所处的语流环境排后五的分别是：

表七　听辨准确率排名后五统计表

句子	4. 我要去北京出差四天。	3. 老板儿，给我拿十个棒棒糖。	9. 借我四万块钱。	13. 我住到十栋的。	15. 这个不贵，四块钱就买得到。
正确人数	103	107	162	180	190
准确率（%）	42.21	43.85	66.39	73.77	77.87
准确率排名	20	19	18	17	16

其中，在母语为成都话的受试者中，听辨准确率所处的语流环境排名后五的分别是：

表八　母语为成都话受试者听辨准确率排名后五统计表

句子	3. 老板儿，给我拿十个棒棒糖。	4. 我要去北京出差四天。	6. 他十月份过生。	13. 我住到十栋的。	9. 借我四万块钱。
正确人数	7	10	11	11	12
准确率（%）	50	71.43	78.57	78.57	85.71
准确率排名	20	19	18	18	16

由此可见，受试者在第3、4、6、9、13句中听辨准确率较

低。分析这几句中数字“四”或“十”所处的语流环境，其调类组合方式分别为：

表九 听辨准确率排名后五调位组合方式统计表

句子	3. 老板儿，给我拿十个棒棒糖。	4. 我要去北京出差四天。	6. 他十月份过生。	9. 借我四万块钱。	13. 我住到十栋的。
调类组合	2 +4 (2 + *1)	4 +1	2 +2	4 +4	2 +4

需要说明的是，句 3 在采样录音时，发音人实际发音为“十根”，故后字的声调为第一调。

可以观察到，凡是“四”和“十”出现在与其调类相同的字前时，即构成 2 +2 的组合或 4 +4 的组合，其听辨准确率均会降低。

但是，对比表六的统计，同样是 2 +2 组合，“十楼”听辨的准确率却远远高于“十月”。同样是 4 +4 组合，“四号”的听辨率却远远高于“四万”。对比其区别，我们初步认为当“四”“十”后接零声母音节时，对前字的声调听辨会带来一定困难。

然而，根据本次听辨实验统计的结果，我们却看不到听辨的准确率和数字与其后面量词的调类组合有多大关系。特别是对照表六和表九，4 +1、2 +2、4 +4 等调类组合的听辨准确率既可以名列前五，也可以名列后五。这说明这类现象在成都话中存在很大的随机性吗？

我们通过 praat 语音分析软件[9] 观察排名后五句话的语图，发现元音段几乎都弱化，且 praat 均不能检测到其 F0，如下图所示：

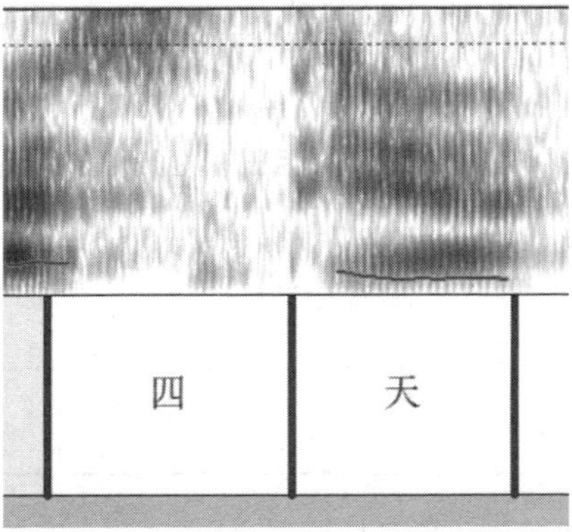

图一　“四天”的语图

而排名前五的则相反，praat 上显示其元音段没有弱化，且都能检测到 F0，如下图所示：

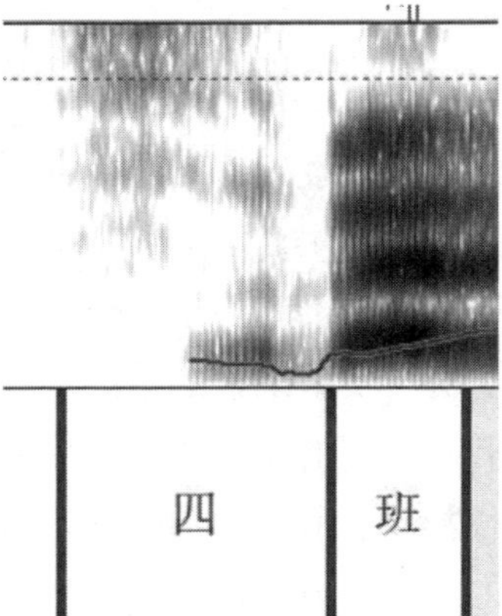

图二　“四班”的语图

“四”和“十”的韵母在成都话中都为舌尖前元音［ɿ］。该元音为成都话音系中所有元音最特殊的一个。舌尖元音存在与否本来就存在争论。很多研究认为舌尖元音不存在，实际上为一个音节化的浊擦音［z̩］[10] 37、[11] 24、[12]、[13]、[14] 239-244、[15]。本文暂不讨论这些观点孰优孰劣，仅从其声学属性分析，由于其发音接近辅音，其发生弱化的可能性更大。而一旦发生弱化，声调随之弱化，成都话中这二字唯一能辨义的因素也被弱化，从而造成这两个字的听辨（包括成都人在内）出现误差。

至于4+4组合，其听辨率则不一定像我们之前预判的那样明显降低，尤其是第19句中的“四号”，其听辨率更是排名前五。观察其语图：

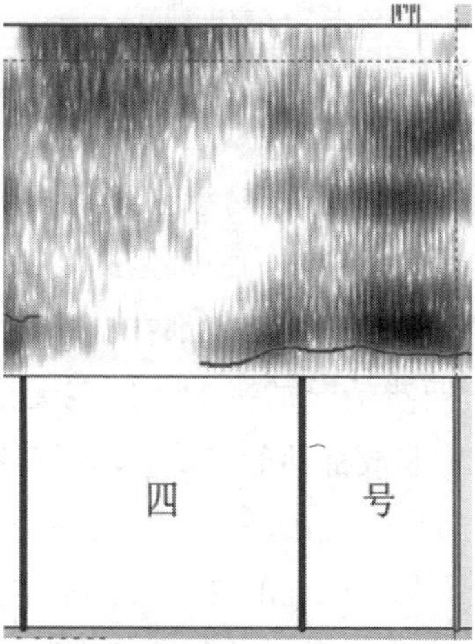

图三　“四号”的语图

首先，其元音段并未发生明显的弱化，praat能检测到其F0。其次，其声调走向为升调，调值为12或13，并不是我们之前认为的21，故不会和“十”混淆。

五、余论

之前我们认为本地人和外地人对一种汉语方言调类敏感度存在较大区别。成都本地人对自己方言的调类敏感，无论是区分单字调还是语流中的各种调位变体听辨准确率都较高。外地人对成都话声调不敏感，没有形成对该方言的调位意识，无论是区分单字调还是语流中的各种调位变体的听辨准确率都会降低，尤其是在语流中由于实际调值区别度进一步缩小，给他们区分会带来更大困难。从本次实验得到的听辨准确率来看，与我们的预期基本一致。

但是，本次实验的统计数据也说明受试者对成都话“四”和“十”的听辨要比我们预想的结果好得多。无论是对单字还是语流中的听辨，无论是母语为成都话的受试者还是母语为非成都话的受试者，其平均准确率至少都在八成以上。观察具体语流对“四”和“十”听辨情况的影响，发现无论是母语为成都话的受试者还是母语为非成都话的受试者，准确率高的环境分布及准确率低的环境分布也体现出一致性。这说明至少在听辨实验环境下，在成都生活了两年以上的受试者，基本上还是能把成都话中“四”和“十”区分开来。且混淆“四”和“十”的主要因素也不是由不同调类组合造成的变调问题，而是元音弱化问题。

本次实验由于条件限制，也存在一些不足。比如，设计的录音采样材料过少，实验设计对声调组合方式的考虑也不够全面，这会对实验结果带来一定的影响。此外，我们在统计数据时采用的方法也略显简单。数字在句中位置不同可能会给听辨结果带来影响。对于上述一系列问题，我们将在后面的研究中不断改进。

参考文献：

[1] 甄尚灵. 成都语音的初步研究 [J]. 四川大学学报（社会科学版），1958（1）.

[2] 何婉，饶冬梅. 四川成都话音系词汇调查研究 [M]. 成都：四川大学出版社，2014.

[3] 秦祖宣. 成都话单字调的实验语音学分析 [J]. 语文学刊，2014（7）.

[4] 何婉. 成都话单字调的实验语音学统计 [J]. 成都大学学报（社会科学版），2015（2）.

[5] 周岷. 当代成都话音系 [D]. 四川大学博士学位论文，2017.

[6] 周及徐等.《岷江流域方音字汇——20 世纪四川方音大系之一》[M]. 成都：四川大学出版社，2019.

[7] 张一舟. 四川方言几种连读音变现象研究 [J]. 语言研究，2011（4）.

[8] 王理嘉. 音系学基础 [M]. 北京：语文出版社，1991.

[9] Boersma, Paul & David Weenink. Praat: doing phonetics by computer [Computer program]. Version 6.0.52[2019—5—11], http://www.praat.org/, 2019.

[10] 董少文. 语音常谈 [M]. 北京：文化教育出版社，1958.

[11] Chao, Yuen-ren. *A Grammar of Spoken Chinese*. Berkeley and Los Angeles: University of California Press, 1968.

[12] Pulleyblank, Edwin G. Vowelless Chinese? An Application of the Three-Tiered Theory of Syllable Structure//*Proceedings of the Sixteenth International Conference on Sino-Tibetan Languages and Linguistics*, vol. ii. Seatle: University of Washington, 1984, 568—619.

［13］ Ramsey, S. Robert. *The Languages of China*. Princeton: Princeton University Press, 1987.

［14］ Wiese, Richard. Underspecification and the Description of Chinese Vowels // Wang Jialing and Norval Smith (eds.): *Studies in Chinese Phonology*. Berlin: Mouton de Gruyter, 1997, 219—249.

［15］ Duanmu, San. *The Phonology of Standard Chinese*. (*2nd Edition*). New York: Oxford University Press Inc, 2007.

Study on the Phonetic Difference between "四(four)" and "十(ten)" in Chengdu Speech

Zhou Min

(College of Liberal Arts, Sichuan Normal University; Chengdu, Sichuan; 610068)

Abstract: By taking the approaches of acoustic experiment and data analysis, this paper tries to study the phonetic differences between "四(four)" and "十(ten)" in Chengdu Speech. What's more, it also studies this phenomenon from the aspects of the language flow's influence as well as the different awareness of "toneme" existing in different people.

Key Words: Chengdu speech; four and ten; phonetic difference

印尼留学生汉语普通话擦音声母习得声学实验

熊 巧①

摘 要 本文在实验语音学语音格局理论背景下，运用擦音格局的分析方法，对汉语普通话高阶段的印尼留学生的擦音习得情况进行语音实验分析。分析出印尼留学生汉语普通话发音的声韵比，及其与汉语普通话母语发音人谱重心和分散程度的差异，并对各自擦音格局进行说明。证明了印尼留学生在汉语普通话擦音习得上存在的偏误是［ɕ］和［s］的混淆，并且补充解释了［ʃ］的“谱重心高”和“分散程度大”同时存在的原因。

① 作者简介：熊巧，男，四川三台人。四川师范大学汉语国际教育专业 2017 级研究生。

关键词　印度尼西亚留学生　汉语普通话习得　擦音格局　偏误分析

一、引言

印尼留学生习得汉语普通话（后文称“汉语”）擦音声母的难点在哪里？印尼语和汉语相同的擦音，如[f]和[s]在声学表现上是否一致？如果不一致，原因为何？印尼留学生的汉语发音是否存在声韵失衡的现象？笔者在与印尼留学生交流的过程中，发现他们分不清擦音[ɕ]和擦音[s]，常常把[ɕ]发成[s]，这是一个明显的偏误现象。兹以高级阶段的印尼留学生为被试，通过语音实验的方法来分析说明这两个擦音形成偏误的原因。

二、理论背景

（一）擦音的基本概念

“擦音（fricative）是声道中有阻碍但没有完全闭塞、气流从缝隙中摩擦发出的辅音。”[1]67擦音发音时，由于发音部位形成狭窄的间隙，气流不是突然冲破阻碍，而是持续性地由一个缝隙流出，它的气流如同水的湍流一般，速度快而急，发出的声音具有摩擦的特征，故而称之为“擦音”。擦音并不像塞音一样存在于世界上的每一种语言中，但它仍然是非常常见的一种语音，因此研究擦音的声学特点具有十分重要的语言学意义。每种语言的擦音各不相同，比如印尼语中的擦音包括清擦音[f][s][ʃ][x][h]、浊擦音[v][z]，而在汉语中擦音分别是清擦音[f][s][ʂ]

[x][ç]和浊擦音[ʐ]。很明显，印尼语中不存在[ʂ][ç]两个清擦音和浊擦音[ʐ]，对印尼留学生来说，习得这三个擦音将是他们的难点所在。由于篇幅所限，本文主要考察汉语清擦音的习得情况，浊擦音另行考察。

（二）声学参数的提取和计算

和其他语音实验一样，擦音的声学空间也是通过声学参数的提取和应用得到的。Svan-tesson（1986）考察了汉语的六个擦音，研究方法是通过临界带谱计算出各个声母的谱重心（Center of Gravity），在频率轴上能量的分散程度（Dispersion）以及不同声母的平均强度级（Mean Intensity Level）。以这三个参量的任意两个为二维坐标，便可以形成一个擦音空间，擦音空间图会随着选择的参量的不同而不同。冉启斌认为："音强不是一个绝对参量，它与发音时用力的程度，录音时的不同增益都有关系。"[3]154故而，他在考察北京话擦音时只选择了谱重心和分散强度两个不容易变化的声学参量。本文如是。冉启斌（2005）介绍了 Svan-tesson 的谱重心计算方法：先在擦音的某个点上做快速傅里叶变换（Fast Fourier Transform，FFT），得到该点即时功率谱。然后将即时功率谱转换为临界带（Critical Band），在每个临界带内计算出该带内的平均强度分贝数值。一般是在 0—10010Hz 频率范围内分为 24 个临界带，谱重心就是所有临界带内最强频率的集中区域，计算公式为：

$$m = \sum_{n=2}^{24} n \times 10^{(x_n/10)} / F$$

其中，m 为 2—24 之间的一个数值，表示谱重心在第 m 个临界带。

分散程度即该时间点上能量在整个范围频率内的分散情况，计算公式为：

$$s = \sqrt{(\sum_{n=2}^{24}(n-m)^2 \times 10^{(x_n/10)}/F)}$$

以上两个公式的 F 值为：$F = \sum_{n=2}^{24} 10^{(xn/10)}$，其中 x_n 表示第 n 个临界带的平均强度[5]57。

擦音的计算公式比较复杂，但通过 mini-speech 可以轻松获得某擦音的谱重心和分散程度值。我们以谱重心为横坐标，以分散程度为纵坐标，便可以得出该擦音的声学空间图。除此之外，我们还考察了印尼留学生的声韵时长比（声韵时长比 = 声母时长/韵母时长），以考察印尼留学生在说汉语时是否存在声韵失衡的现象。

三、实验过程

（一）发音人

本实验一共有 7 名发音人，分别是 3 位印尼女留学生，1 位印尼男留学生，2 位中国女生和 1 位中国男生。其中，印尼留学生的汉语水平均在 HSK5 级以上，中国女生的普通话水平均是普通话国家一级乙等水平，中国男生为国家一级甲等水平。

（二）录音器材及录音环境

我们选择的录音环境是在静音条件较好的语音实验室，使用的录音软件是斐风系统，采样频率为 22050Hz，16 位单声道。此外，我们还使用了录音声卡（Avid Mbox mini）、录音话筒

（Beyerdynamic TG H55C）和笔记本电脑。

（三）数据的提取处理软件

本文研究和实验过程主要使用的软件有：通过 mini-speech 和 praat 提取相关声学参数，通过 Excel 进行数据统计并画出相关图表。

四、擦音实验分析

（一）声韵时长比分析

擦音是延续式辅音，因此擦音的时长也是其物理属性之一，很有考察研究的必要。我们分别取得了表 1 中例字的擦音声母时长和韵母时长，并且计算出他们各自声韵时长的平均值，进而求得声韵比例的值。

表 1　擦音例字表

f	法	分	非	发	峰	房
s	四	塞	三	所	送	诉
ʂ	是	说	始	上	时	书
ɕ	想	学	写	下	行	习
x	好	和	会	花	回	很

为了更好地横向比较，我们把所有发音人的声韵比值放在同一张表上进行比较分析。如表 2（发音人具体的声母时长和韵母时长见附录 1）。其中，IDF 1 代表印尼 1 号女生，以此类推；IDM 1 则代表印尼 1 号男生；CHF 1 代表中国 1 号女生，以此类

推；CHM 1 则代表中国 1 号男生。

表 2　印尼留学生和中国学生的声韵比值表（单位：%）

学生＼擦音	f	s	ʂ	ɕ	x
IDF 1	31	53	58	46	29
IDF 2	25	40	46	41	40
IDF 3	28	38	52	40	31
IDM 1	27	42	40	34	22
CHF 1	37	36	35	31	22
CHF 2	33	51	52	41	30
CHM 1	40	64	64	60	40

从上表中我们可以看到，每个人的声韵比值都不尽相同，这说明汉语发音具有明显的个性特征。从声韵比值的公式我们可以知道，比值越大，就意味着擦音的发音时间长或者元音的发音时间短，反之，则意味着擦音的发音时间短或者元音的发音时间长。IDF1 的声韵比例最大值出现在[ʂ]，而最小比值出现在[x]，其声韵比值从大到小的排列顺序为：[ʂ] > [s] > [ɕ] > [f] > [x]。按照此方法，我们求得所有发音人的声韵比值的排列顺序。其中，IDF2 的声韵比值从大到小的排列顺序为：[ʂ] > [ɕ] > [s] = [x] > [f]；IDF3 声韵比值从大到小的排列顺序为：[ʂ] > [ɕ] > [s] > [x] > [f]；IDM1 的声韵比值从大到小的排列顺序为：[s] > [ʂ] > [ɕ] > [f] > [x]。综上观之，印尼女留学生发擦

音[ʂ]时，声韵比值最大，该擦音的时长约占整个音节的三分之一，因为其比值平均值在50%左右；印尼男留学生声韵比的最大值虽然出现在了擦音［s］，但与擦音［ʂ］的差别很小。

我们再来看中国学生的声韵比例的特点。CHF1的声韵比最大值出现在［s］，而最小比值出现在［x］，其声韵比值从大到小的排列顺序为：［s］>［ʂ］>［f］>［ɕ］>［x］；CHF2的声韵比最大值出现在［ʂ］，而最小比值出现在［x］，其声韵比值从大到小的排列顺序为：［ʂ］>［s］>［ɕ］>［f］>［x］；CHM1的声韵比最大值出现在［ʂ］和［s］，而最小比值出现在［x］和［f］，其声韵比值从大到小的排列顺序为：［ʂ］=［s］>［ɕ］>［f］=［x］。观察中国学生的［ʂ］和［s］的声韵时长比，可知他们在比值上非常接近，甚至是相等的，并且他们的声韵比值都是最大的。这与印尼留学生不同，他们的发音习惯中，比较一致地把［ʂ］的时间拖得更长，这说明对于这个新习得的汉语擦音，他们会有意拖长时间以期将其发得更为准确。

为了进一步比较印尼留学生和中国学生在发汉语擦音上的差异，我们对以上数据进行了综合平均值比较，即将印尼留学生和中国学生发汉语擦音的声韵时间各自相加后求其平均值（具体的声母、韵母时长平均值以及声韵比例平均值，见附录2），然后按照从大到小的顺序进行排列，以观察印尼留学生在汉语擦音习得上可能存在的差异，并通过Excel做出各自的柱状图（如图1）。

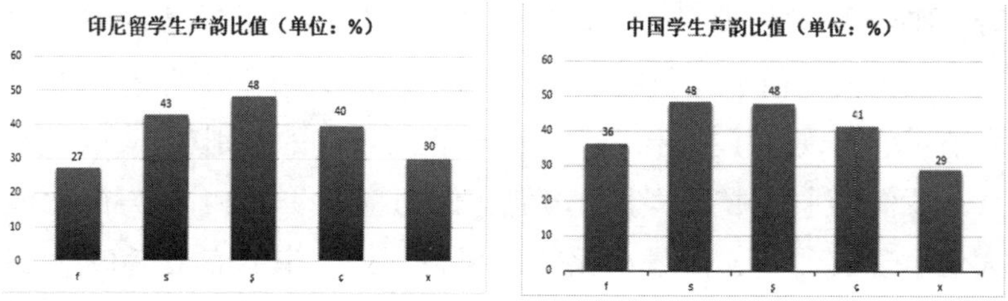

图 1　印尼留学生和中国学生声韵比值柱状图（单位:%）

从上图可以看出，印尼留学生汉语擦音的声韵比值由大到小大致是：[ʂ] > [s] > [ɕ] > [x] > [f]；中国学生汉语擦音的声韵比值由大到小大致是：[ʂ] = [s] > [ɕ] > [f] > [x]。根据上表，可以看出高级阶段的印尼留学生比较接近中国学生说汉语时的声韵比，但仍有一些差异。观察可知，印尼留学生在汉语擦音 [f] 和擦音 [s] 的习得上与中国学生偏差较大。可以认为，印尼留学生在汉语擦音 [f] 和 [s] 的习得上，声韵比略有失衡，即表现为 [f] 和 [s] 的发音时间还不够长，导致其比值偏低。我们认为，这是母语的迁移造成的。印尼语擦音和汉语擦音中，只有 [f] [s] 和 [x] 同时存在于两种语言之中，这在语言习得中本应该是正迁移的语言现象，但却在汉语的语音习得上表现出一些偏误。这是因为，印尼语本是多音节词占优势的语言，并且擦音 [f] 和 [s] 常出现在这些词汇中。它们位于词首、词中、词尾的情况均有，并且声学表现各有不同，但总体而言，这两个擦音在印尼语中的声学表现很不相同，通常是又短又快的。相反，汉语是单音节的语言，一个音节一个汉字，在词汇和短语中，虽然也常以多音节的形式出现，但各个音节间的区分十分明显，且辅音一般只出现在音节的开头，只有一部分鼻音可作韵尾。所以，汉语中的声母比多音节语言的辅音常常发音更为“饱满”一些，表现在具体的语音中便是时间更长，能量更大。这也就解释了为什么印尼留学生［f］的声韵时长比会比［x］更小。具体如何不同，本文后半部分会根据印尼语擦音的声学参数进行对比分析的时候做详细说明，并且会比较印尼语中的擦音［f］和［s］与汉语中的［f］和［s］有何异同。声韵比例失衡带给交流者的感受是不够地道。笔者认为，声韵失衡现象的调整在于每天多听多说，在练习中自然而然纠正声韵失衡的偏误。

小结：印尼语学生习得汉语清擦音时的声韵比值由大到小排序是：[ʂ] > [s] > [ɕ] > [x] > [f]，而中国学生的汉语清擦音时的声韵比值由大到小排序是：[ʂ] = [s] > [ɕ] > [f] > [x]。其中，擦音［f］和［s］与中国人有所不同，这是因为他们受母语迁移的影响，把这两个擦音发得又快又短，因而造成一定程度上的声韵失衡。

（二）擦音谱重心和分散程度分析

1. 印尼女留学生和中国女生的比较

表3是汉语母语者和印尼留学生（女）的擦音声学参数的对照表。此表是分别取得三位印尼女留学生的声学参数后，计算取得平均值（详表见附录3）。中国女生则取自一位达到普通话一级乙等的大学本科播音系学生。

按照冉启斌、石锋（2012）对汉语清擦音的分类[1]，可大致将汉语清擦音分为刚性擦音和柔性擦音。形成刚性擦音和柔性擦音的原因是发音的生理特征不同。刚性擦音发音部位质地坚硬或肌肉有力量且间隙小，主要包括[s][ʂ][ɕ]。柔性擦音发音部位质地较为柔软或肌肉柔软且间隙大，主要包括[x][f]。

表3 印尼女留学生与中国女生声学参数平均值对比表

学生	擦音	f	s	ʂ	ɕ	x
印尼女留学生	谱重心（Gravity）	18.52	20.75	17.01	20.27	15.04
	分散程度（Dispersion）	3.24	1.20	2.62	1.84	4.70
中国女生	谱重心（Gravity）	17.45	22.00	17.43	20.46	12.45
	分散程度（Dispersion）	3.58	0.74	2.73	1.49	4.55

首先，我们对比谱重心。对印尼女留学生而言，谱重心最大的是［s］，为20.75，最小的是［x］，为15.04。谱重心按照从大到小的排列顺序为：［s］>［ɕ］>［f］>［ʂ］>［x］。同样的，中国女生谱重心最大的是［s］，为22，最小的是［x］，为12.45。中国女生的谱重心从大到小的排列顺序为：［s］>［ɕ］>［f］>［ʂ］>［x］。印尼女留学生与中国女生在汉语清擦音的谱重心的排列顺序一致。但是比较数据可知，印尼留学生的［f］［x］［s］的差异比较明显，其中刚性擦音［s］的谱重心值小于中国女生的谱重心值，而柔性擦音［f］和［x］则大于中国女生的谱重心值，尤其是［x］差异明显。

再看分散程度，在印尼女留学生中分散程度最大的是［x］，为4.7，最小的是［s］，为1.2。分散程度从大到小的排列顺序为：［x］>［f］>［ʂ］>［ɕ］>［s］。同样的，中国女生清擦音的分散程度的排列顺序为：［x］>［f］>［ʂ］>［ɕ］>［s］。分散程度上的差异主要表现在［s］上，说明印尼女留学生在发擦音［s］时，不如中国人发［s］那样紧凑。这可能跟印尼留学生的母语有关。

由于“谱重心与能量集中区有一定关系”[2]，即“由谱重心得出的擦音的相对关系与从音强、能量集中区得出的擦音的相对关系大体一致，只是［f］的谱重心略高”[2]，并且“强频集中区按唇、舌部位后的后移是依次递降的”[7]155。据此可知，印尼留学生[s][f]和[x]的发音部位较靠前，而[ʂ][ɕ]两个擦音的发音部位较靠后。与此同时，我们观察到印尼留学生的[s][ɕ]的谱重心值非常接近，并且这两个清擦音的发音部位非常接近，说明印尼留学生在一定程度上混淆了这两个擦音。根据笔者实际的教学经验，以及与印尼留学生的交流经验来看，印尼留学生自己认为［ɕ］的习得难度很大，笔者也同样感受他们［ɕ］的发音不准确，常常和［s］混淆。另外，从上表的数据可以看出，印尼留学生发［s］和［ɕ］的分散程度要较大一些，这说明印尼留学生在发刚性擦音时，口腔内发音部位间的摩擦缝隙略大于中国人，造成了能量分散。

冉启斌（2008）研究普通话擦音时认为［f］［x］的分散程度大是因为发音的缝隙较大，因而他们的谱重心小，能量分散。但实际情况是，擦音［f］发音时唇齿之间是接触的，因而“缝隙”是很小的，分散程度应该很小才对。而实验数据却又恰好证明了［f］的分散程度确实很大，这就形成了一种矛盾关系。仔细观察清擦音［f］的发音部位可知，［f］的发音是由上齿接触下唇后，气流从唇齿间的缝隙以及嘴角两端发出，这就将擦音［f］的气流分散到整个唇齿接触的面积上，气流从散落于整个唇齿间的缝隙而出，自然是分散的。因此我们认为，清擦音［f］分散程度大是因为它发音时唇齿间的接触面积大而分散造成的。

2. 基于印尼语的［s］和［f］再分析

为了验证印尼母语对印尼留学生汉语擦音习得的影响或迁移作用，我们分析了三位印尼女留学生阅读其母语中含有擦音［s］和［f］的单词，并求得了她们的平均值。为了和中文的擦音数据进行横向比较，我们只选取了［s］和［f］位于单词词首的词汇，舍去了其位于词中和词尾的情况（详表见附录4，具体每个词汇的声学参数见附录5）。表4是三位印尼女留学生平均值的声学参数。

表4　印尼女留学生母语擦音的声学参数平均值

擦音 / 声学参数	s	f
谱重心	19.11	16.20
分散程度	3.16	3.05

从表3和表4可知，在印尼语中［s］和［f］的谱重心值均小于其在汉语中的谱重心值，尤其是［f］差异更为明显。这说明印尼留学生在发这两个擦音时所用的能量较小。原因可能是：在多音节语言中，说话人为了使能量更为平均地分配到各个音节，单个音节所蕴含的能量就少。这就解释了为什么同样的印尼留学生在发汉语和印尼语中相同的擦音时，表现出来的差异如此明显。擦音［s］的谱重心也是如此，只是不如擦音［f］表现那么明显。在分散程度上，令人意想不到的是擦音［s］的值竟如此之大，但这就验证了前文的猜想，即印尼语中［s］的发音更为松散一些，能量分散更大一些。冉启斌（2008）认为擦音能量的分散程度的大小，跟擦音的间隙相关；林茂灿等（2014）

认为“强频集中区按唇、舌部位后的后移是依次递降的”。所以，我们认为印尼留学生在发母语的 [s] 时，擦音的间隙较大，并且发音部位更靠后，因而能量更为分散。印尼留学生发母语的擦音 [f] 的分散程度小于发汉语的擦音 [f]，二者的分散程度均低于汉语母语者发擦音 [f] 的分散程度。这说明在汉语中，擦音的 [f] 分散程度是比较大的，至少是大于印尼语 [f] 的分散程度。总之，印尼语中 [f] 和 [s] 擦音的声学特点迁移到汉语中，基本保持了原来的特点，这说明同样的擦音在不同的语言背景中，其发音的声学参量也是不同的。因此，我们认为，印尼留学生在学习汉语时，母语与汉语具有相同特征的语音同样需要练习。

3. 印尼男留学生和中国男生的比较

表5　印尼男留学生与中国男生声学参数平均值对比表

学生	擦音	f	s	ʂ	ɕ	x
印尼男留学生	谱重心（Gravity）	14.31	17.97	15.02	18.69	10.76
	分散程度（Dispersion）	2.80	1.64	2.14	2.01	3.35
中国男生	谱重心（Gravity）	17.78	20.48	16.51	19.87	15.53
	分散程度（Dispersion）	3.80	1.34	2.85	1.85	5.63

谱重心方面：印尼男留学生的谱重心最大的是 [ɕ]，为 18.69。最小的是 [x]，为 10.76。五个清擦音按照谱重心从大到小的排列顺序是[ɕ] > [s] > [ʂ] > [f] > [x]。中国男生谱重心最大的是 [s]，为 20.48。最小的是 [x]，为 15.53。按照谱重心由大到小的排列顺序是[s] > [ɕ] > [f] > [ʂ] > [x]。这个

顺序与印尼女留学生和中国女生的谱重心顺序一致。这一方面说明了印尼男留学生与中国男生发音差异性和印尼留学生发音存在的偏误，另一方面揭示了五个清擦音谱重心由大到小的排列顺序是[s]>[ɕ]>[f]>[ʂ]>[x]。印尼男留学生和中国男生的差异主要表现在谱重心最大值是［ɕ］，说明该擦音印尼男留学生发音较靠前，甚至可能比他发［s］更为靠前。这也说明印尼男留学生习得的擦音［ɕ］仍然是不够准确的，是学习的一个难点。另外，我们发现印尼男留学生［x］音的谱重心值很低，说明他在发该擦音时能量比较小，气流量较发其他音时更轻。

分散程度方面：印尼男留学生分散程度最大的擦音是［x］，为3.35，最小的是［s］，为1.64。分散程度从大到小的排列顺序为[x]>[f]>[ʂ]>[ɕ]>[s]。中国男生分散程度最大的是［x］，为5.63，最小的是［s］，为1.34。分散程度按照从大到小的排列顺序为[x]>[f]>[ʂ]>[ɕ]>[s]。中国男生五个清擦音的区分度很强，发［x］时，其分散程度远大于其他几个擦音；发［s］时，分散程度就变得很小。虽然印尼留学生的分散程度的排列顺序与中国男生一致，但差异也很明显。比如擦音［s］的分散程度比中国男生大，再一次验证了前文的分析，印尼语背景的留学生发［s］时比中国男生更为松散一些。印尼男留学生擦音［f］的分散程度较中国男生小很多，说明其受母语发音习惯影响的情况真实存在。这提醒我们在汉语拼音的教学中，需要向学生特别强调在［f］和［s］上的发音练习要更加用力一些，夸张一些。

综合上文所有发音人的声学参数，我们可以知道：汉语清擦音的分散程度从大到小的排列顺序是[x]>[f]>[ʂ]>[ɕ]>

[s]。结合谱重心的排列顺序，我们可以得出这样的结论：就单个擦音而言，谱重心大的擦音，其分散程度一定小；谱重心小的擦音，分散程度一定大。就汉语五个清擦音而言，谱重心大小排列顺序大致与分散程度排列顺序相反。但有一个有意思的现象是，在分散程度上［f］大于［ʂ］，但在谱重心上［f］也大于［ʂ］，这不符合上述的擦音规律。冉启斌（2008）认为“由谱重心得出的擦音的相对关系与从音强、能量集中区得出的擦音的相对关系大体一致，只是［f］的谱重心略高”。这说明影响清擦音［f］的谱重心值大小的原因跟其他四个清擦音不完全相同，但冉启斌并未对为何［f］略高作出说明。林茂灿等（2014）认为“强频集中区按唇、舌部位后的后移是依次递降的”。我们认为，擦音［f］是唇齿音，所以其频率强，谱重心值大。但擦音［f］因为唇齿间接触面积大，气流分散，因此他的谱重心值不是最大的。这就解释了为何擦音［f］的谱重心值大于擦音［ʂ］，而分散程度仍然大于擦音［ʂ］。

小结：1）印尼留学生在五个清擦音的习得上，难度最大的是［ɕ］，常与之混淆的是［s］。2）我们认为，擦音［f］的谱重心值和分散程度的变化方式不同于其他四个擦音，是因为擦音［f］的形成原因不仅在于摩擦缝隙的大小，还在于唇齿接触面积分散。这补充解释了冉启斌（2008）“只是［f］的谱重心略高”的疑问。3）印尼语中的［s］和［f］和汉语中的［s］和［f］有所不同，表现在印尼语［s］和［f］谱重心略小，［s］的分散程度更大，［f］的分散程度更小。并且这一影响迁移到了汉语学习中。

五、擦音的格局分析

擦音格局是基于语音格局理论下的辅音格局的一个分支。人类语音多而繁杂，加上个体因素的影响，语音表现更是千变万化。音高、音强、音色等等都影响着人类的语音，使得不同民族、不同人之间的语音千差万别。尽管如此，同一语言背景的人是完全可以自由交流的。即使不同语言背景的人，通过语言学习，仍然可以使用同一种语言进行交流生活。这是因为我们"人的听觉系统可以对听到的语音进行加工处理，通过大脑分析、记忆、比较等等功能的综合处理，只要听起来的'框架'不差，语境相近，就能被理解。这个'框架'，就称为'格局'"[6]。"语言中的格局就是这种相互联系、彼此一致的对应关系"[4]1，语音格局是研究这种相互关系的重要理论和方法，而获得语音格局的方法是对声学参数进行相对化和归一化。事实上，相对化和归一化是语音格局理论的核心分析方法（石锋、冉启斌、王萍 2010）。上文已经介绍，对于擦音的声学参数，本文主要参考的是谱重心和分散程度的大小。关于这两个声学参数的归一化和相对化的计算方法，冉启斌、石锋等（2012）提出下列公式[4]：

谱重心的归一化和相对化公式：

G = （Gx − Gmin）/（Gmax − Gmin）∗100[1]69

其中，Gmax 表示五个擦音谱重心的最大值，Gmin 表示五个谱重心的最小值，Gx 为某个擦音的谱重心值。由此公式算得的数值是整个擦音谱重心的百分比数值，这样，就能确定该擦音谱重心在整个擦音空间的相对位置。

分散程度的归一化和相对化公式：

D = （Dx－Dmin)/(Dmax－Dmin） ＊100[1]69

其中，Dmax 表示五个擦音分散程度的最大值，Dmin 表示五个频分散程度的最小值，Dx 为某个擦音的分散程度值。由此公式算得的数值是整个擦音分散程度的百分比数值，这样，就能确定该擦音分散程度在整个擦音空间的相对位置。

（一）印尼女留学生与中国女生的对比分析

根据擦音格局的方法，我们得到了擦音格局图的基本数据，如表6，并且分别画出了三位印尼留学生的擦音格局图，如图2。

表6　印尼女生擦音格局数据对比表

学生 \ 类别 \ 擦音		f	s	ʂ	ɕ	x
IDF 1	谱重心	73	100	37	88	0
	分散程度	39	0	21	1	100
IDF2	谱重心	90	100	58	83	0
	分散程度	54	0	44	51	100
IDF3	谱重心	0	89	2	100	10
	分散程度	78	0	54	6	100

图2　印尼女留学生擦音格局对比图

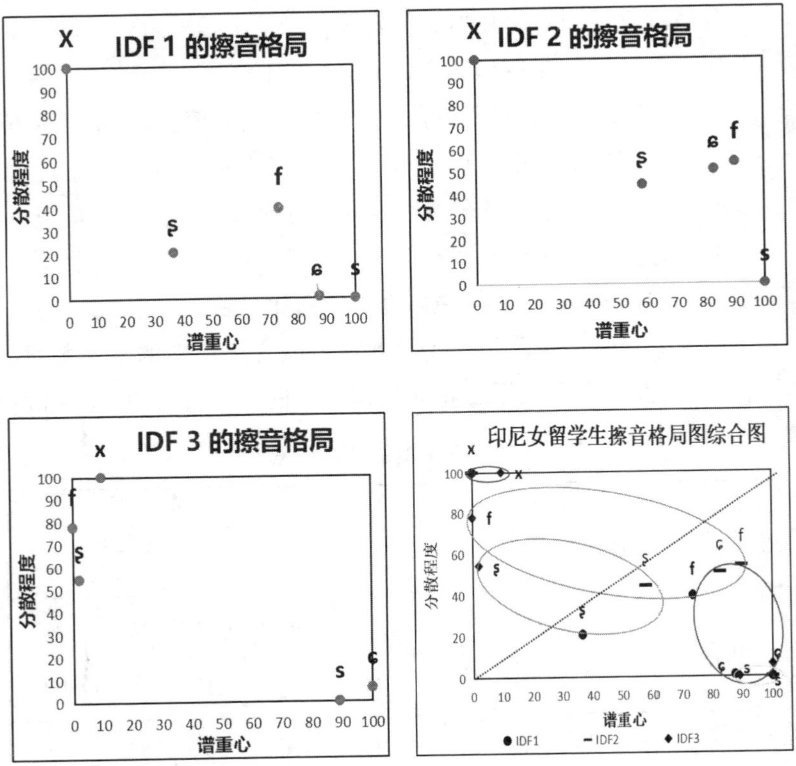

首先，我们把三位印尼女留学生的擦音格局图放在一起比较。我们对三个印尼女留学生的擦音格局图分布情况的第一直观感受是个体差异较大，尤其是IDF3出现了极端分布，分别位于擦音格局图的左上角和右下角。从图中可以看出，IDF1的擦音［x］的分散程度最大，谱重心则是最小的，位于格局图的左上角；她的擦音［s］的分散程度最小，谱重心最大；她的擦音［ɕ］则位于擦音［s］的左端，其分散程度非常接近，而谱重心

相差大约10个单位。擦音［s］和［f］则主要位于格局图对角线的右半部分。IDF2的擦音两顶点和IDF1一样，分别是［s］和［x］。不同的是，IDF2另外三个擦音的关系相对更加紧密一些，尤其是［ɕ］和［f］的相对关系更加接近，并且都位于对角线的右半部分。IDF3的擦音格局呈现两极分化，位于左端的三个擦音分别是［x］［f］［ʂ］，位于右下角的两个擦音是［s］［ɕ］，且都位于顶点位置。之所以IDF3出现这样的情况，是因为［x］［f］［ʂ］三个擦音的谱重心值非常接近，从表6可以看出，最大差异只有十个单位。右下端的［s］［ɕ］则由于谱重心和分散程度都比较接近而造成格局空间位置的接近。这也从另一个方面反映出该印尼留学生在［s］［ɕ］的区分上存在一些问题，［ɕ］的习得仍然是一个主要的问题。

为了更好地观察三位发音人的在五个擦音在格局图上的分部情况，我们把三位发音人的格局图放在同一张表上进行比较。我们发现波动范围最大的是擦音［f］，其次是［ʂ］和［ɕ］，波动范围最小的是是位于顶点的［x］和［s］。这说明，三位印尼女发音人在擦音格局分布的顶点范围是比较确定的，即由擦音［s］和［x］可以确定其擦音空间的声学范围，其他擦音一定是在这个范围以内的。

为了和中国女生的擦音格局图进行比较，我们进一步求得了印尼女留学生的擦音声学参数的平均值。通过计算，我们得到了印尼女留学生和中国女生声学参数平均值归一化和相对化后的数据表7（详表见附录6）和她们的声学格局图3。如下：

表 7　印尼女留学生和中国女生擦音格局平均值数据对比表

学生 \ 类别 \ 擦音		f	s	ʂ	ɕ	x
印尼	谱重心	61	100	35	91	0
	分散程度	58	0	41	19	100
中国	谱重心	52	100	52	84	0
	分散程度	75	0	52	20	100

图 3　印尼女留学生和中国女生的擦音格局对比图

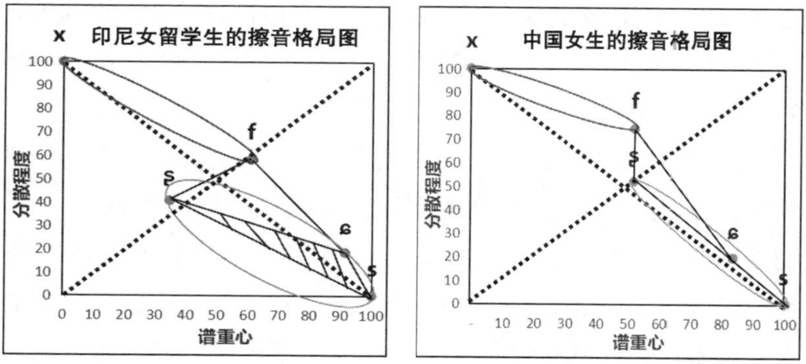

我们求得印尼女留学生谱重心和分散程度的平均值后，按照上述公式，换算成相对化的擦音格局值，如表 7 所示。根据此表数据，我们画出了印尼女留学生的声学格局图和中国女生的声学格局图，如图 3 所示。观察图 3，我们发现一些共性：1）格局图的顶点分别由［x］和［s］构成。2）［f］［ɕ］［ʂ］三个擦音位于由［x］和［s］构成的格局图之内。3）［f］和［ʂ］、［ɕ］和［s］的相对关系比较接近。这些共性说明印尼留学生习得汉语擦音本身的一些内在关系是固定的，只是印尼留学生在这

个过程中会产生一点偏误。具体表现在：

1）连接格局图的对角线，将格局图分为上下左右四个部分。对比两幅图可知，中国女生的几个擦音均分布在格局图的上面和右面部分。其中，擦音［ʂ］几乎落在了格局图对角线的交点上，说明擦音［ʂ］是位于整个格局图的中点位置上。而印尼留学生的擦音主要分布在格局图的左面和右面部分。其中，［f］和［ʂ］都比较靠近其中一条对角线，并且又分别位于另一条对角线的两边，形成了一种以［x］和［s］为顶点的对角线的近似对称关系。印尼女留学生的［ʂ］的谱重心和分散程度都小于中国女生，擦音［f］的谱重心大于中国女生，分散程度略小于中国女生。

2）连接格局内的擦音［f］［ɕ］［ʂ］，形成了一个三角形。其面积大小决定了三个擦音相对关系的远近。比较两幅图可知，印尼女留学生的三角形面积大于中国女生。说明印尼女留学生的这三个擦音相对关系更远，而中国女生更近。

3）连接［ʂ］［ɕ］［s］三个擦音，中国女生和印尼女留学生形成两种不同的图形。中国女生的这三个擦音是线性分布，即从右下角［s］的刚性擦音往左上角［x］的柔性擦音逐渐过渡，形成了一条近似的直线，这是一个谱重心逐渐变小、分散程度逐渐增大的过程。这说明三个刚性擦音间的过渡性特征是非常明显的。是否具有这种明显的擦音过渡特征，可以作为判断留学生擦音习得好坏的一个方法。柔性擦音方面，印尼留学生的相距范围更大一些，而中国学生则更小一些，但具体走向大体也是一致的。总体而言，中国学生柔性擦音向刚性擦音过渡的特征较印尼留学生更明显。

4）［ɕ］和［s］的相对关系较中国女生更为靠近。观察图3可知，主要差异是印尼留学生的擦音［ɕ］的谱重心大于中国女生，因而在格局图上就表现得更为靠近［s］。我们认为，因为印尼语中没有擦音［ɕ］，所以印尼留学生在学习这个擦音的时候会比较用力，并且听感上这两个音比较接近，学习者往往采取的学习策略是从［s］入手，再逐渐向［ɕ］过渡，这就使得印尼留学生的擦音［ɕ］很接近擦音［s］，听感上也较为相似。

（二）印尼男留学生与中国男生的对比分析

按照同样的方法，我们对印尼男留学生汉语擦音进行了考查，得出印尼男留学生和中国男生的格局图数值，如表7（具体声学参数见附录7），并做出了他们的擦音格局图，如图4.

表8　印尼男留学生和中国男生擦音格局平均值数据对比表

学生	类别＼擦音	f	s	ʂ	ɕ	x
IDM 1	谱重心均值	45	91	54	100	0
	分散程度均值	68	0	29	22	100
CHM 1	谱重心均值	46	100	20	88	0
	分散程度均值	57	0	35	12	100

图 4　印尼男留学生和中国男生的擦音格局图对比

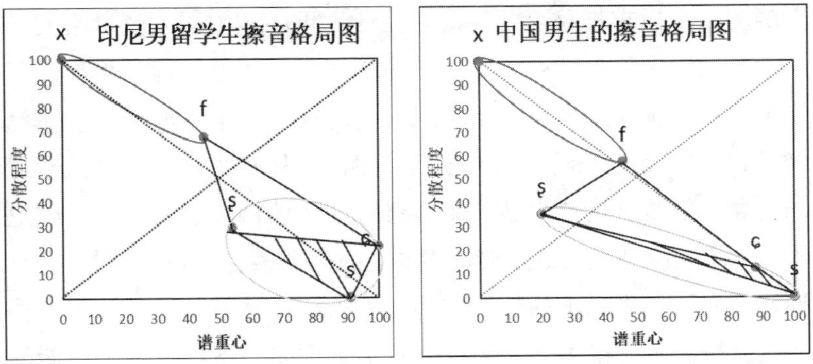

根据上述图表，我们发现：

1）印尼男留学生的格局图顶点有三个，分别是[x][s][ɕ]。而中国男生的擦音格局图中，顶点只有两个，即[s]和[x]。之所以出现这种情况，是因为印尼男留学生谱重心的最大值出现在[ɕ]，而非[s]。与此同时，[s]的谱重心值仍然很大，非常接近[ɕ]。这说明印尼男留学生在区分[s][ɕ]上存在一些问题，[ɕ]是其习得的难点所在。在分散程度上，印尼男留学生的[s]仍然是最小的，说明发该擦音时，能量最为集中，符合汉语擦音[s]的特点。我们认为谱重心出现偏误的原因是他们发[ɕ]时，借用了发[s]的发音方法，为了将[ɕ]发得准确，在发音时用力会更大一些，因此出现[ɕ]的谱重心值最大的情况。

2）连接格局图的两条对角线后，将格局图四等分，五个擦音有了明确的位置坐标和所属板块。通过比较发现，三个非顶点擦音中擦音［ʂ］的位置差异最大。造成这种差异的最主要原因是印尼男留学生的谱重心偏大。而发音人的谱重心之所以偏大，还是因为［ʂ］这个擦音在印尼语中是没有的，是他们需要新建立发音习惯的音。不难理解，他们在发［ʂ］时会用更大的力量，以求把这个音发准，因此谱重心较中国人就显略大。

3）连接［ɕ］［ʂ］［s］三个擦音后，印尼男留学生形成了一个比较明显的三角形，而中国男生的三角形很不明显。前文已经提到过，［ɕ］［ʂ］［s］这三个擦音是具有明显的过渡性特征的，如三角形形状越明显，那么它的过渡性特征也就越弱。印尼男留学生的刚性擦音的过渡性很弱是因为和擦音［s］混淆，并且擦音［ʂ］在格局中的位置较为靠前。相比之下，中国男生的擦音过渡特征明显得多，三个擦音几乎是在同一条线上。从过渡性特征来看，印尼女留学生比印尼男留学生的过渡性特征要明显得多，这也说明印尼女留学生的发音要好于印尼男留学生。

小结：1）印尼留学生刚性擦音的过渡性特征要弱于中国学生，印尼男留学生要弱于印尼女留学生。2）印尼留学生的擦音［ɕ］的谱重心接近或者大于发［s］音，这就使得其在格局图上非常接近，这两个音成为近似音，说明他们对擦音［ɕ］的掌握还有待改善。

六、结语

本文运用擦音格局理论和实验语音学的方法，考察了普通话高级阶段的印尼留学生汉语擦音的习得情况，得出以下结论：1）在声韵比例方面，印尼留学生的擦音［f］和［s］略有失衡，因为印尼语是多音节语言，发音时长分配到每个音节就会更短，而汉语是单音节的语言，发单个汉字时擦音所分配的时间自然更长，听感上也就更为“饱满”，印尼留学生在学习汉语普通话这两个擦音时进行了迁移，也因此形成了偏误，造成声韵失衡。2）擦音［ç］是印尼留学生汉语习得的难点，常常与擦音［s］混淆，原因是这两个擦音在发音部位和发音方法上都较为接近，印尼留学生常常迁移［s］的发音方法，因此造成了混淆。3）本文补充解释了冉启斌（2008）关于“只是［f］的谱重心略高”的疑问。我们认为，［f］的谱重心略高是因为其发音部位在唇齿，但擦音［f］的谱重心之所以不是最高的，是因为唇齿间接触面积大，擦音［f］的气流分散于整个接触面，故此［f］的分散程度大，且谱重心略高。

参考文献：

［1］冉启斌，石锋. 北京话擦音格局分析［J］. 华文教学与研究，2012（1）.

［2］冉启斌. 汉语清擦音的声学空间分析［A］//中国社会科学院语言所. 第八届中国语音学学术会议暨庆贺吴宗济先生百岁华诞语音科学前沿问题国际研讨会论文集［C］. 中国社会科学院语言所：中国语言学会语音学分会，2008.

［3］冉启斌. 辅音现象与辅音特性——基于普通话的汉语阻塞辅音实验研究［M］. 天津：南开大学出版社，2005.

［4］石锋，冉启斌，王萍. 论语音格局［J］. 南开语言学刊，2010（1）.

［5］Svan-tesson，Jan-Olof. Acoustic analysis of Chinese Fricatives and Affricates//*Journal of Chinese Linguistics*，Vol. 14（1），1986.

［6］吴宗济. 语音格局——语音学和音系学的交汇点·序［M］. 北京：商务印书馆，2008.

［7］吴宗济，林茂灿，鲍怀翘. 实验语音学概要［M］. 北京：北京大学出版社，2014.

Acoustic Experiment of Indonesian Students' Acquisition of Chinese Fricative Initials

Xiong Qiao

(College of Liberal Arts, Sichuan Normal University; Chengdu, Sichuan; 610068)

Abstract: Under the background of phonetic pattern theory, this paper takes the method of fricative pattern analysis to conduct phonetic experimental analysis on the acquisition of fricative by Indonesian students. This paper analyzes the phonological ratio of Indonesian students' Chinese Putonghua pronunciation, and the differences in the center of gravity and degree of dispersion between Indonesian students and native speakers of Chinese Putonghua, and explains their respective fricative patterns. It proves that the errors of Indonesian students in the acquisition of Chinese fricative are the confusion of [ɕ] and [s], and the reasons for the simultaneous existence of "higher center of gravity" and "larger of dispersion" of [f].

Key words: Indonesian students; Chinese acquisition; fricative pattern; error analysis

附录：

附录 1　印尼留学生和中国学生的声韵比值详表

学生 \ 类别 \ 擦音		f	s	ʂ	ɕ	x
IDF 1	声母时长（ms）	149	176	225	197	132
	韵母时长（ms）	477	331	385	430	458
	声韵比例（%）	31	53	58	46	29
IDF2	声母时长（ms）	145	164	206	195	191
	韵母时长（ms）	591	406	451	470	483
	声韵比例（%）	25	40	46	41	40
IDF 3	声母时长（ms）	163	144	227	190	149
	韵母时长（ms）	587	373	434	477	481
	声韵比例（%）	28	38	52	40	31
IDF4	声母时长（ms）	139	184	207	212	119
	韵母时长（ms）	515	440	520	616	539
	声韵比例（%）	27	42	40	34	22
CHF1	声母时长（ms）	195	168	202	190	143
	韵母时长（ms）	525	470	571	604	644
	声韵比例（%）	37	36	35	31	22
CHF2	声母时长（ms）	209	224	260	249	170
	韵母时长（ms）	629	436	501	607	573
	声韵比例（%）	33	51	52	41	30
CHM1	声母时长（ms）	144	186	199	202	141
	韵母时长（ms）	361	292	312	340	353
	声韵比例（%）	40	64	64	60	40

附录2　印尼留学生和中国学生声韵比例平均值详表

学生 \ 类别 \ 擦音		f	s	ʂ	ɕ	x
印尼	声母均时长（ms）	149	167	216	198	148
	韵母均时长（ms）	542	387	447	498	490
	声韵比例（%）	27	43	48	40	30
中国	声母均时长（ms）	183	192	220	214	151
	韵母均时长（ms）	505	399	461	517	523
	声韵比例（%）	36	48	48	41	29

附录3　印尼女留学生与中国女生声学参数对比详表

学生 \ 类别 \ 擦音		f	s	ʂ	ɕ	x
IDF 1	谱重心（Gravity）	18. 83	20. 61	16. 35	19. 77	13. 89
	分散程度（Dispersion）	2. 84	1. 55	2. 23	1. 58	4. 84
IDF 2	谱重心（Gravity）	20. 60	21. 28	18. 47	20. 13	14. 64
	分散程度（Dispersion）	2. 88	1. 09	2. 56	2. 78	4. 41
IDF 3	谱重心（Gravity）	16. 12	20. 38	16. 22	20. 90	16. 58
	分散程度（Dispersion）	3. 98	0. 94	3. 07	1. 18	4. 85
CHF 1	谱重心（Gravity）	17. 45	22. 00	17. 43	20. 46	12. 45
	分散程度（Dispersion）	3. 58	0. 74	2. 73	1. 49	4. 55

附录4 印尼留学生印尼语擦音发音表

擦音＼词表	印尼语	中文含义
s	sepatu	鞋
	sapu	扫帚
	siapa	谁
	sepéda	自行车
	saudara	兄弟姐妹
	sekolah	学校
f	fiktif	虚拟
	filsafat	哲学

附录5 印尼女留学生印尼语擦音 [f] 和 [s] 声学参数详表

擦音＼例字	印尼语	中文含义	IDF 1		IDF 2		IDF 3	
			谱重心	分散程度	谱重心	分散程度	谱重心	分散程度
s	sepatu	鞋	18.09	3.99	20.26	2.16	20.49	2.12
	sapu	扫帚	16.44	4.38	20.85	2.99	21.49	1.98
	siapa	谁	14.61	3.83	20.49	2.72	20.88	2.95
	sepéda	自行车	13.63	5.16	20.98	2.42	19.18	3.7
	saudara	兄弟姐妹	16.64	4.88	19.97	2.56	19.91	3.12
	sekolah	学校	17.38	5.21	21.42	1.47	21.33	1.19
均值			16.13	4.58	20.66	2.39	20.55	2.51
f	fiktif	虚拟	12.82	3.82	19.07	2.26	17.92	3.57
	filsafat	哲学	13.15	3.74	20.75	2.26	13.48	2.66
均值			12.99	3.78	19.91	2.26	15.70	3.12

附录6　印尼女留学生和中国女生擦音声学参数平均值表

学生 \ 类别 \ 擦音		f	s	ʂ	ɕ	x
印尼女留学生	谱重心均值	18.52	20.75	17.01	20.27	15.04
	分散程度均值	3.24	1.20	2.62	1.84	4.70
中国女生	谱重心均值	17.45	22.00	17.43	20.46	12.45
	分散程度均值	3.58	0.74	2.73	1.49	4.55

附录7　印尼男留学生和中国男生擦音声学参数平均值表

学生 \ 类别 \ 擦音		f	s	ʂ	ɕ	x
印尼男留学生	谱重心（Gravity）	14.31	17.97	15.02	18.69	10.76
	分散程度（Dispersion）	2.80	1.64	2.14	2.01	3.35
中国男生	谱重心（Gravity）	17.78	20.48	16.51	19.87	15.53
	分散程度（Dispersion）	3.80	1.34	2.85	1.85	5.63

王利器《颜氏家训集解》“恒代遗风”辨误

宣燕华[①]

摘　要　王利器《颜氏家训集解·治家》中对“恒代遗风”一词的解释，沿袭自清初大儒阎若璩《潜邱劄记》，受到学术界的普遍采信，但实际上存在问题。本文以大量书证纠正阎说，认为“恒代”一词是在鲜卑拓跋部兴起过程中产生的地理名词，带有特定的历史和民族内涵；通过考察词语的形成、演变和对现实的影响，展示了该词产生发展的历史脉络。

关键词　颜氏家训　恒代遗风　阎若璩　恒州　代郡

① 作者简介：宣燕华，女，江苏常州人，南京大学文学院博士研究生，主要从事清代学术史研究。通迅地址：南京大学文学院 江苏南京 210023，电子邮箱：xuanyanhua503@126.com。

颜之推所撰《颜氏家训》是我国历史上一部影响深远的著作，至今仍广泛流传。王利器先生《颜氏家训集解》是迄今为止此书最完善、最权威的注本，流传极广，学者引用亦多以之为依据，故其中如有偶失而不经指出，则恐贻误甚众。因此，笔者不揣浅陋，辨其小误一则，但期读者免于承讹袭舛，前贤庶几不以为愆。

《颜氏家训·治家第五》有一条十分重要的史料，经常为论南北朝社会风俗者所引据：

> 江东妇女，略无交游，其婚姻之家，或十数年间，未相识者，惟以信命赠遗，致殷勤焉。邺下风俗，专以妇持门户，争讼曲直，造请逢迎，车乘填街衢，绮罗盈府寺，代子求官，为夫诉屈。此乃恒、代之遗风乎？[9]48

此段文字对比南、北妇女之社会地位，对当时风俗做了细致生动的描述，其将北方“妇持门户”的现象归结为“恒、代之遗风”，此语颇为难解。《颜氏家训集解》此处出注：

> 赵曦明曰：“阎若璩《潜邱劄记》：‘有以恒、代之遗风问者，余曰：拓跋魏都平城县，县在今大同府治东五里，故址犹存，县属代郡，郡属恒州，所云恒、代之遗风，谓是魏氏之旧俗耳。’”器案：阎说是。张伯行《小学集解》以为“由燕太子丹欲报秦，以宫女结士，余风未殄故耳。”其说非是。燕自燕，恒、代自恒、代，未可混为一谈。魏书成淹传：“朕以恒、代无漕运之路，故京邑人贫。”即指平城而言。[9]50

王氏《集解》以清赵曦明注、卢文弨校补之《抱经堂丛书》本

《颜氏家训》为底本，此本是《集解》之前注释《颜氏家训》的最善之本，其校、注皆十分精当，《集解》中分别引赵说700余次、卢说800余次（包括附录）。故此则注释实沿赵氏而来，而赵氏之注又沿清初大儒阎若璩而来。阎氏以“恒代”为北魏都城平城所属之恒州代郡，故可借指北魏一朝，而“恒代遗风”即指北魏旧俗，其说为赵曦明所采，复为王利器所肯定。《汉语大词典》亦收录“恒代遗风”一词，同样采抱经堂本《颜氏家训》所引阎说为解，释为北魏鲜卑族旧俗[5]515。权威注本和权威辞书的双重影响，使阎氏此解几成定论，后来之注者或引用者皆因袭此说，如黄永年《颜氏家训选译》此处注为“北魏本来建都平城县，在今山西大同，当时属恒州代郡管辖。这里说‘恒代之遗风’，就指北魏以来的旧习俗”[6]32；王仲荦《魏晋南北朝史》亦从此解[10]861；李凭名作《北魏平城时代》引此条以立论，亦将“恒代”视为恒州代郡的省称[7]229。王利器先生在引据旧说的基础上，又另举了一条《魏书》中的书证，证明“恒代”确指北魏京邑。台湾“中研院”史语所1960年出版的周法高撰辑《颜氏家训汇注》中在引阎说后补一条劳干札记，亦引同一条书证[16]12。故将“恒代”一词释作恒州代郡的省称从而借指都于平城的北魏，经过从清代到近现代的诸大家反复确认，似乎无有疑义；但实际上却有十分显然的疑点：其一，将A州B郡省称AB，此种用法实难寻他证；其二，恒州代郡是北魏孝文帝迁都洛阳之后的新建置，在此之前中国历史上从无恒州之称，故平城“县属代郡，郡属恒州”之时已非北魏都城，而以废都所属之州、郡名指称一代王朝，着实不伦不类。若稍作检索，很容易便可发现“恒代”一词实为魏人常用之习语，早在迁都洛阳之前即已使用，且绝非专指平城一地，而是指称拓跋魏发迹的恒山、代地一带的广袤区域①。

恒山之名由来已久，在《尚书》《周礼》《尔雅》等文献中都有记载。秦置恒山郡，汉因之，后避汉文帝讳改为常山郡；代亦是古已有之的地名，春秋时有代国，战国时赵武灵王设代郡，秦汉皆因之，治代县（今河北蔚县，东汉移治高柳），在恒山以北。代地是游牧经济和农耕经济、汉民族和非汉民族交错的地带，秦汉以来一直是汉族王朝重要的北部边郡。恒山位于代地南缘，和代是紧密相连的地理区域，可以作为代地南方的天然屏障，也可作为攻击代地的战略要地，《史记·赵世家》记载赵国破代的攻略即为“从常山上临代，代可取也”[8]1789。但“恒代”作为一个词汇，在拓跋魏之前却未曾出现。究其原因，当是由于在此之前，此二地没有成为一个统一的政治地理区域，或是春秋战国诸侯纷争之地，或是郡县制下时而接壤、时而悬隔的两个分离的行政单位。直到西晋末五胡扰攘，愍帝三年（315），晋封拓跋猗卢“为代王，置官属，食代、常山二郡”[11]9，恒、代之地始连为一体，完全为鲜卑拓跋部所控制。自此，拓跋部开始了政权组织的建设，恒、代作为帝业肇基之地，也渐渐在当时人口中凝聚成了一个富于民族义涵的政治地理词汇。

北魏崔鸿（478—525）《十六国春秋·西秦录》记西秦建弘四年（423）乞伏炽磐语：“谶云‘恒代之北，当有真人’，吾将举国而事之。”[1]8b这是“恒代”一词在现存文献中的最早用例，

① 关于此问题，刘晓满曾有《说“恒代”》一文，刊于《许昌学院学报》2008 年第 6 期。该文从地理学角度说明了“恒代”的地位，与本文角度不同。

此时或许只是恒与代偶尔连用，其结合还未十分紧密。到了魏收(507—572)所著《魏书》中，“恒代”一词就频繁出现了，可以看出其逐渐成为习语的趋势。《崔浩传》记北魏明元帝神瑞二年（415），太史令王亮等人建议自平城迁都至邺，崔浩极力反对，认为一旦南迁，则“屈丐、蠕蠕必提挈而来，云中、平城则有危殆之虑，阻隔恒代千里之险，虽欲救援，赴之甚难”[11]808①。《东阳王丕传》记孝文帝迁都之前，在太极殿与群臣大议，帝云“今代在恒山之北，为九州之外，以是之故，迁于中原”，尚书于果表示反对：“自建邑平城以来，与天地并固，日月齐明。臣虽管见肤浅，性不昭达，终不以恒代之地，而拟伊洛之美。但以安土重迁，物之常性，一旦南移，惧不乐也。”[11]359太和十八年（494）北魏正式迁都洛阳，此后“恒代”作为对鲜卑旧地的习惯称谓，被更多地使用。如《魏书·任城王拓跋澄传》“昔在恒代，亲习皇宗，熟秘序庭无阙日”[11]471；《乐陵王胡儿传》“恒代路悬，旧都意重，故屈叔父远临此任”[11]516；《广川王略传》“迁洛之人，自兹厥后，悉可归骸邙岭，皆不得就茔恒代。……其有妻坟于恒代，夫死于洛，不得以尊就卑”[11]527；《源贺传》附《源怀传》“正始元年九月，有告蠕蠕率十二万骑六道并进，欲直趋沃野、怀朔，南寇恒代……怀旋至恒代，案视诸镇左右要害之地，可以筑城置戍之处”[11]927；《刘昶传》“我国家昔在恒代，随时制作，非通世之长典”[11]1310；《阳固传》“作南、北二都赋，称恒代田渔声乐侈靡之事，节以

① 《资治通鉴》引此段，胡三省于“千里之险”下注曰：“自恒山至代，有飞狐之口、倒马之关，夏屋、广昌、五回之险。”

中京礼仪之式，因以讽谏”[11]1604；《成淹传》“朕以恒代无运漕之路，故京邑民贫。今移都伊洛，欲通运四方”[11]1754；《地形志二上》“孝昌之际，乱离尤甚。恒代而北，尽为丘墟”[11]2455，等等。考察《魏书》中的这些用例，可以将“恒代”一词的用法分为广、狭两义，广义是作为本义的对恒山、代地区域的称呼，如“南寇恒代”等；狭义则是作为借义，对此区域核心地带即代都平城的专指，如“恒代田渔声乐侈靡”等。但二义实无法截然区分，也不必截然区分，因为国与都互称本是很常见的语言现象。同时我们也可看到，北魏迁都之后，“恒代”常常和“伊洛”对举，带有废都义涵，而且这种对举不仅是地理意义上的，更是文化意义上的，回不去的不仅是故乡，更是包括语言风俗等在内的民族文化。要之，“恒代”作为北朝人常用的习语，不仅仅是一个地理名词，更蕴含着特定的民族、历史和文化的内涵。

除《魏书》外，与魏收同时的庾信（513—581）在《周柱国大将军大都督同州刺史尔绵永神道碑》中也有“既牧淮海，且蕃恒代”[14]861①之语。另，北魏《元鸾墓志》有“河海之精，恒代之灵”[15]46②语，东魏《洛州报德寺造玉象碑》有“大魏龙飞恒代，创基帝业，王有九土”[3]6③语。隋唐时仍用此语，如《隋书·北狄列传》“七年正月，沙钵略遣其子入贡方物，因请猎于恒代之间”[12]1870④；狄仁杰《请罢百姓西戍疏勒等四镇疏》“请捐四镇以肥中国，罢安东以实辽西，省军费于远方，并甲兵

① 作于北周建德二年（573）后。
② 作于北魏正始二年（505）。
③ 作于东魏武定三年（545）。
④ 开皇七年（587）事。

于塞上，则恒代之镇重，而边州之备实矣”[13]10a①；孙翌《苏州常熟县令孝子太原郭府君墓志铭并序》“东胡作孽，虔刘我士卒，挠乱我边陲，恒代之间，亭候无守”[2]3103②。此后，随着政治和历史的变迁，恒、代地区的特殊地理意义不复存在，“恒代”作为一个词语就渐见湮灭了。

以上这些辞例，足以使阎若璩之说不攻自破。今天我们重新解释《颜氏家训》中的“恒代遗风”一词，当云：恒代，指恒山和代地连成的一片地理区域，南至恒山，北达阴山，最初指鲜卑拓跋部兴起之地。恒代遗风，特指北魏孝文帝改革之前的鲜卑族旧俗。这是最符合《家训》上下文语境的解释。或许有人会说，虽然阎氏“县属代郡，郡属恒州”的论证有误，但其“所云恒、代之遗风，谓是魏氏之旧俗”的结论是正确的，因此没有多少辨误的必要。但实际上，经过阎氏错误且含混的解释，尽管得到了一个近似的所指，但却抹杀了颜之推原意中的民族文化指向。颜之推一生历经梁、西魏、北齐、北周、隋五朝，晚年写定《家训》一书，其中多有比较南北风俗文化异同的内容。尽管颜之推本为南人，但在比较中并没有表现出明显的偏至，也常常有认为北胜于南的地方。如“南人宾至不迎，相见捧手而不揖，送客下席而已；北人迎送并至门，相见则揖，皆古之道也，吾善其迎揖”[9]77，“河北妇人，织纴组紃之事，黼黻锦绣罗绮之工，大优于江东也”[9]51等。而对于本文开头所引“邺下风俗，专以妇持门户”一事，有悖于儒家的根本伦常，似乎使得身处

① 作于唐神功元年（697）。
② 作于唐开元九年（721）。

汉化程度已很高的北齐末年的颜之推非常不解，故推其渊源，疑来自于北魏孝文帝迁都之前的恒代地区鲜卑族遗风。而如果仅仅按照阎若璩"魏氏旧俗"的解释，则都于邺城的东魏、北齐本承北魏而来，保留魏氏旧俗是极自然之事，因而原文也就显得不知所谓。因此，阎若璩似是而非的解释，无助于理解原文，有必要加以纠正。

有趣的是，阎若璩"县属代郡，郡属恒州"的一番解释，很可能是恰巧颠倒了因果关系。孝文帝迁都后的恒州建置①，前无所承，后世也很快被废弃，在历史上是一个很特殊的行政区划。孝文帝将原来的司州（即都城所在州）改称恒州，治平城，辖境相当于今山西北部内长城以北，河北蔚县、阳原县和内蒙古与山西临近的南部地区。北周大象二年（580）废。同时，北周宣政元年（578）分定州置恒州，治真定（今正定县南），隋大业初改为恒山郡，唐武德初复为恒州。辖境相当于今河北石家庄、正定、藁城、灵寿、行唐、井陉、获鹿、平山、阜平等地。此后历史上凡有恒州建置大致都在此地，其实也就是秦汉时代的恒山郡所在。因此，北魏恒州在地名史上可以说是一个异类。推其缘由，或正是由于语言的力量。"恒"作为构成"恒代"一词的语素，本来即指恒山及秦汉以来的恒山郡地方，但当它与另一个地理名词"代"结合而凝固成为一个附着有政治传统内涵的语词之后，便不再专指此地，而成为一个更广袤区域的名称，并更多地指向这一区域的中心地带——代都平城。正因为如此，孝

① 《魏书·地形志二上》："恒州：天兴中置司州，治代都平城，太和中改。"北京：中华书局，1974 年，第 2497 页。

文帝迁都洛阳之后，才会把原司州改称恒州，治代郡平城，把恒、代作为州、郡之称冠于旧都平城之上，即是从行政语言上固定了日常习语的所指。"恒"这一语素，借由政治力量之手，通过行政区划的更定悄悄实现了所指的转移，因此便有了离汉代恒山郡五百里之遥的北魏恒州。而即使脱离了这一特定的历史语境，后世的统治者循名责实，仍将"恒"之建置用于恒山其地，也是自然之理。也就是说，并非因为平城"县属代郡，郡属恒州"才称为"恒代"，而是因为"恒代"本身指称以平城为中心的区域才有了"县属代郡，郡属恒州"的建置。"恒代"一词的出现不仅早在恒州代郡的建置之前，其所指范围也超过恒州辖地。古人没有今天的检索便利，创说不甚准确，今日亟当改正。

另外，《颜氏家训集解》引张伯行《小学集解》"由燕太子丹欲报秦，以宫女结士，余风未殄故耳"，此解实际上来自明代陈选《小学集注》[17]20b①，张伯行袭取其说耳。王利器驳之曰"燕自燕，恒、代自恒、代，未可混为一谈"，实燕国在战国时的确曾领有恒、代之地，但此解完全出于附会，尽显明人空疏之习，洵不如阎说尚稍有根据。

阎若璩的好友顾祖禹精研舆地，其《读史方舆纪要·山西方舆纪要序》有云："拓跋魏起于北荒，奄有恒代，规取河北，蚕食河南。"[4]1775－1776若阎氏此条札记经顾氏寓目驳正，可能就不会贻误后人以至今日了。

---

① 陈选之注沿自吴讷《小学集解》，参见《小学集注大全》卷七，日本武村市兵卫庆安三年刻本，二十二页上。

参考文献：

［1］（北魏）崔鸿．十六国春秋［M］．明万历三十七年屠氏兰晖堂刻本．

［2］（清）董诰等编．全唐文［M］．北京：中华书局，1983.

［3］（清）端方编．匋斋藏石记［M］．台北：新文丰出版公司，1982.

［4］（清）顾祖禹．读史方舆纪要［M］．北京：中华书局，2005.

［5］汉语大词典编纂处．汉语大词典［M］．上海：汉语大词典出版社，1991.

［6］黄永年译注．颜氏家训选译［M］．成都：巴蜀书社，1991.

［7］李凭．北魏平城时代（修订本）［M］．上海：上海古籍出版社，2011.

［8］（汉）司马迁．史记［M］．北京：中华书局，1982.

［9］王利器．颜氏家训集解［M］．北京：中华书局，1993.

［10］王仲荦．魏晋南北朝史［M］．上海：上海人民出版社，2016.

［11］（北齐）魏收．魏书［M］．北京：中华书局，1974.

［12］（唐）魏徵等撰．隋书［M］．北京：中华书局，1973.

［13］（宋）姚铉编．唐文粹［M］．四部丛刊景元翻宋小字本．

［14］（北周）庾信撰，（清）倪璠注．庾子山集注［M］．北京：中华书局，1980.

［15］赵超．汉魏南北朝墓志汇编［M］．天津：天津古籍出版社，1992.

［16］周法高撰辑．颜氏家训汇注［M］，台北："中央研究院"历史语言研究所，1993.

［17］（宋）朱熹撰，（明）陈选集注．小学集注［M］．明崇祯八年内府刻本．

Discussion on Wang Liqi's Interpretation of "A relic of Heng Dai" in the Collection of Annotations to Admonitions of the Yan Family

Xuan Yanhua

(School of Liberal Arts, Nanjing University; Nanjing, Jiangsu; 210023)

Abstract: Wang Liqi's interpretation of the term "A relic of Heng Dai" in the *Collection of Annotations to Admonitions of the Yan Family* has been widely accepted by the academic circles, following the great Confucian Yan Ruoqu's *Notes of Qianqiu* in the early Qing Dynasty, but there are actually some problems. This paper corrects Yan's explaination through a large number of documentary evidence, and holds that the term "A relic of Heng Dai " is a geographical noun produced in the process of the rise of Tuoba Xianbei, with specific historical and ethnic connotations. By investigating the formation, evolution and influence, the historical context of the development of this term is revealed.

Key words: *Annotations to Admonitions of the Yan Family*; A relic of Heng Dai; Yan Ruoqu; Heng Zhou; Dai Jun

四川荣县六乡镇方言音系比较[1]

王俊丹[2]

摘　要　荣县位于四川省南部，方言音系与周围方言不同。笔者根据方言田野调查的材料，对六乡镇的方言进行对比，探讨它们差异之处及原因。

关键词　荣县　方言　音系　对比

荣县位于四川省南部，是自贡市的辖区。东邻自贡市辖区，西接乐山市井研县、犍为县，北靠眉山市仁寿县、内江市威远县，南连宜宾市。这样的地理位置，使荣县话处于乐山话和自贡话这两个当地优势方言的包围之中[1]。自贡话以“古精组字、

① 项目基金：国家社会科学后期资助项目“岷江流域方音字汇——20世纪四川方音大系之一”（项目号17FYY004）。又，本课题方言调查承四川省荣县人民代表大会方志委员会合作，在此表示感谢。

② 作者简介：王俊丹，女，四川威远人。四川师范大学文学院汉语言文字学专业2018级硕士研究生。

知系字今分读平翘舌声母和古入声调归去声为两大语音特征”[1]，乐山话以“古咸山摄舒声细音字失去鼻韵尾和保留古入声调为两大语音特征”[1]，而荣县话没有以上的四个语音特征，它只存在于荣县境内，是典型的方言岛。在具体的调查过程中，笔者发现，即使是只存在于荣县境内的荣县话，内部也有着较大的差异。以往的荣县话调查资料，已经体现出了荣县话内部的差异，比如1941年前中央研究院历史语言研究所丁声树调查的荣县话韵母没有－aŋ、－uaŋ和－iaŋ[2]，而2009年四川师范大学研究生刘燕调查的荣县话却有韵母－iɐŋ[3]。但是由于没有人对荣县境内各方言点音系内部的差异做过共时调查，所以具体还有什么差别并不清楚。笔者于2019年8月，与2016级博士生陈鹏对荣县双古、留佳、新桥、古文、双石和高山这六个乡镇做了方言音系调查，收集了1000个单字的读音，整理出当地音系，提取8个具有代表性的语音特征进行音系比较，希望能够更清楚地了解荣县话，了解荣县话的全貌。

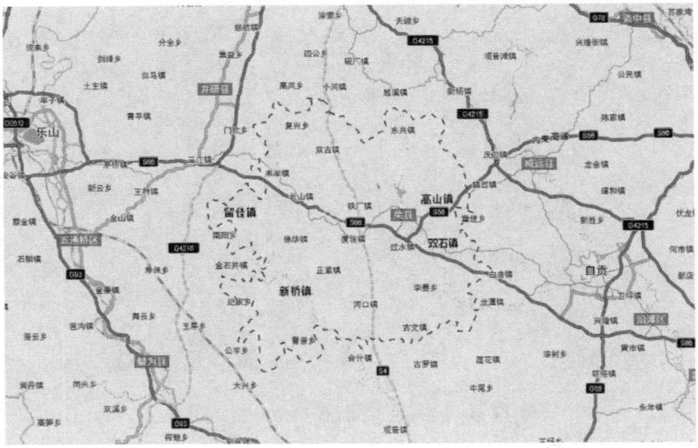

图1 荣县全境及六个方言点的地理位置

六个方言点音系如下。

一、荣县话音系

（一）荣县双古镇音系：

1. 声母表：

p 把被鼻	ph 配盆	m 马满摸	f 法房壶	v 乌屋武五
t 带弟达	th 毯桃	n 能浪列		
ts 紫赚壮终杂侄	tsh 草层拆长测柴尺		s 世晒声顺勺	z 任入
tɕ 尖匠记杰	tɕh 浅全器棋	ȵ 年业	ɕ 洗喜县寻	
k 盖共	kh 亏狂	ŋ 岸爱	x 婚含盒	
ø 尾二瓦烟院移				

2. 韵母表：

ɿ 知十日织吃	i 屁米集吸惜历	u 谱妇物福	y 徐遇菊
ɚ 儿二耳			
A 大马蜡杀	ia 虾甲瞎	ua 瓦挂刷	
e 车折设塞窄	ie 借叶	ue 国	ye 靴月削
o 可割泼摸镯	io 脚学		
ai 财排卖	iɛi 械解	uai 坏拐快	
ei 杯碑飞		uei 碎危	
au 帽包照	iau 校桥叫		
əu 头臭肉	iəu 休球		
an 暗喊染汉办缠忙章项		uan 乱赚晚光框撞	
en 参震凳程	in 浸紧兴影店严间扁	uən 困纯问	yn 均军荣鲜园
	iaŋ 像江		

oŋ 棚冻统凤浮　　ioŋ 兄穷用

3. 声调表：

阴平	1	35	班东追间天
阳平	2	31	排图煤雷儿
上声	3	41	果品雨母老
去声	4	23	柱兴认吃折

（二）荣县留佳镇音系：

1. 声母表：

p 把拜八	ph 品盘	m 马梦目	f 飞房户	v 乌武吴屋
t 东垫达	th 贴图	n 暖冷料		
ts 子住抓州侄	tsh 草财撤沉抄柴臭船		s 蛇晒式唇市	z 染热
tɕ 姐匠记近	tɕh 青钱气琴	ȵ 捏严	ɕ 先喜县习	
k 鬼共	kh 口葵	ŋ 熬爱	x 欢含盒	
ø 问儿外弯永野				

2. 韵母表：

ɿ 丝十实织吃	i 米艺习一力笛	u 除妇骨木	y 去雨育
ɚ 儿二耳			
ᴀ 大把拉达	ia 牙甲瞎	ua 化挂挖	
e 蛇舌折特麦	ie 姐贴节	ue 国	ye 靴月削
o 个鸽末作角	io 药学		
ai 改埋柴	iɛi 戒街	uai 怪歪快	
ei 杯飞肥		uei 罪位	
au 草闹烧	iau 孝桥条		

əu 头狗粥	iəu 酒		
an 贪喊染烂班善浪方胖			
en 参根肯坑笋	in 金民冰庆店添限面	uən 村顺蚊	yn 匀云营权冤
	iaŋ 想讲	uaŋ 光壮双乱短软	
oŋ 棚红宋丰	ioŋ 兄雄拥		

3. 声调表：

阴平	1	25	帮天针亏休
阳平	2	21	河除骑严林
上声	3	42	洗肯使猛网
去声	4	13	竖痛味搭碟

（三）荣县新桥镇音系：

1. 声母表：

p 扮抱白	ph 品盘	m 买门密	f 粉防户	v 乌武五屋物
t 胆定夺	th 偷谭	n 嫩乱邻		
ts 罪桌窄粥杂侄	tsh 草族拆陈疮抽尺		s 丝杀水顺时	z 染
tɕ 酒集嫁及	tɕh 抢前庆骑	ȵ 年牛	ɕ 想险项袖	
k 公共	kh 快狂	ŋ 额恩	x 灰魂鹤	
ø 味儿艺恶云油				

2. 韵母表：

ʅ 紫汁失直石	i 皮艺习笔极踢	u 猪母物哭	y 许取玉
ɚ 儿二耳			
A 大爬八塔	ia 牙瞎夹	ua 瓜画挖	
e 射舌热得白	ie 写叶列逼	ue 国或	ye 茄雪削

o 左鸽泼索壳	io 雀约学		
ai 来排买	iɛi 戒解	uai 怪拐	
ei 配眉费		uei 岁亏	
au 刀罩烧	iau 交庙钓		
əu 楼愁粥	iəu 袖		
an 感咸犯兰办扇党糖绑	iɪn 颜钳限变	uan 酸弯砖慌网双	
en 深镇升争本	in 心紧兴病监甜眼浅	uən 困纯问	yn 匀裙荣选劝
	iaŋ 抢江		
oŋ 棚懂统中浮	ioŋ 兄穷凶		

3. 声调表：

阴平	1	45	翻猫胎初音
阳平	2	31	爬徐危毛牛
上声	3	51	写浅躲狗满
去声	4	24	杜面岁尺罚

（四）荣县古文镇音系：

1. 声母表：

p 宝币鼻	ph 票盆	m 母满木	f 风饭壶	v 屋武五物
t 低递达	th 通田	n 脑老李		
ts 早字杂	tsh 凑层		s 三四锁	
tʂ 住找整侄	tʂh 撤虫插床秤		ʂ 数伤剩尝	ʐ 让
tɕ 借集肩剧	tɕh 切钱欠穷	ȵ 捏孽	ɕ 线向学袖	
k 钢柜	kh 靠狂	ŋ 岸安	x 海汇滑	
ø 万儿外弯右药				

2. 韵母表：

ɿ 刺寺丝汁	i 戏泥急密力益	u 赌副出毒	y 举遇育
ʅ 制指十日食吃			
ɚ 儿二耳			
ᴀ 大沙蜡发	ia 嫁鸭瞎	ua 化挂刮	
e 蛇折舌刻额	ie 斜协孽逼	ue 国	ye 茄越
o 歌割夺作镯	io 脚角		
ai 袋埋晒	iɛi 戒解	uai 怀歪	
ei 背被肥		uei 卫垂	
au 帽炮照	iau 校小条		
əu 豆瘦粥	iəu 忧舅		
an 甘衫犯弹慢战忙尝窗	iɪn 减厌眼剪	uan 短惯砖慌王桩	
	ian 想江		
en 针根绳正分	in 音邻蝇平店甜限件	uən 孙春问	yn 均云永全园
oŋ 猛通脓虫	ioŋ 兄熊拥		

3. 声调表：

阴平	1	35	抱刀抄甘宽
阳平	2	52	壶财时油连
上声	3	451	紫厂所左冷
去声	4	14	父气汗扎麦

（五）荣县双石镇音系：

1. 声母表：

p 贝便白	ph 派盘	m 米慢灭	f 分房壶	v 乌雾五屋物
t 刀洞笛	th 土甜	n 暖蓝莲		

ts 醉桌装针杂侄	tsh 村造畜朝臭		s 锁使扇绳熟	z 人
tɕ 剪决九及	tɕh 亲全牵琴	ȵ 念验	ɕ 惜孝夏徐	
k 该共	kh 看狂	ŋ 藕暗	x 化恨或	
ø 袜儿鱼约荣野				

2. 韵母表：

ɿ 池汁侄式石	i 义梯吸七息壁	u 步妇骨叔	y 鱼雨曲
ɚ 儿二耳			
ᴀ 大马搭扎	ia 夏甲瞎	ua 瓜话刷	
e 射舌热黑客	ie 谢业节	ue 国	ye 茄决削
o 河鸽末弱握	io 雀学		
ai 袋排解	iɛi 戒	uai 外坏歪快	
ei 煤碑肥		uei 灰围	
au 桃饱烧	iau 交摇料		
əu 走手粥	iəu 牛		
an 喊占看板战		uan 端顽传壮床	
en 沉神证冷盆	in 琴进冰镜监验奸田	uən 婚顺	yn 俊熏荣选远
aŋ 汤张绑	iaŋ 姜讲	uaŋ 光网桩欢短软	
oŋ 棚冻冬中	ioŋ 兄熊用		

3. 声调表：

阴平	1	35	翻尖心终轻
阳平	2	31	肥埋如鱼零
上声	3	41	典口桶李染
去声	4	214	簿照面鸽杂

（六）荣县高山镇音系：

1. 声母表：

p 包办白	ph 屁排	m 骂忙麦	f 反肥壶	v 乌雾五屋物
t 对断夺	th 台停	n 难路林		
ts 字摘闸砖贼侄	tsh 擦蚕撤长厂唇		s 死师升剩寿	z 软
tɕ 井匠鸡件	tɕh 清钱气钳	ȵ 捏严	ɕ 鲜喜限寻	
k 瓜柜	kh 开狂	ŋ 硬矮	x 慌魂鹤	
ø 问二饿隐越延				

2. 韵母表：

ɿ 资十失直尺	i 比西习吉吸击	u 布母出屋	y 去裕局
ɚ 儿二耳			
A 大茶插罚	ia 下鸭瞎	ua 华挂滑	
e 车舌设色摘	ie 爷贴灭	ue 国或	ye 靴缺削
o 拖盒活落角	io 雀约学		
ai 菜埋矮	iɛi 解	uai 外拐	
ei 妹被飞		uei 雷醉	
au 道抄绕	iau 孝焦鸟		
əu 豆抽粥	iəu 修旧		
an 敢衫犯伞扮善仓厂棒	iɪn 店念限件	uan 算惯转慌床双	
en 深针等耕门	in 品新兴饼监添奸延	uən 寸准蚊	yn 匀云永卷原
	iaŋ 匠江		
oŋ 猛桶冬充	ioŋ 兄雄凶		

3. 声调表：

阴平	1	45	飞包焦张坑

阳平	2	41	垂桃流门轮
上声	3	452	姐抢孔所米
去声	4	22	簿壮现拍学

二、语音特征比较

（一）精组和知系今读分不分平翘舌

荣县话和大部分四川地区官话方言一样，不分平翘舌。但是在这次调查中笔者发现，有一个点的方言精组和知系字今读分平翘舌。（下表中，1、2、3、4 分别代表阴平、阳平、上声、去声，声调一律不上标。）

	租	杂	猪	侄	抓	镯	准
广韵	精模平	从合入	知鱼平	澄质入	庄肴平	崇觉入	章真上
双古	tsu1	tsA4	tsu1	tsɿ4	tsua1	tso4	tsuən3
留佳	tsu1	tsA4	tsu1	tsɿ4	tsua1	tso4	tsuən3
新桥	tsu1	tsA4	tsu1	tsɿ4	tsua1	tso4	tsuən3
古文	tsu1	tsA4	tʂu1	tʂʅ4	tʂua1	tso4	tʂuən3
双石	tsu1	tsA4	tsu1	tsɿ4	tsua1	tsu4	tsuən3
高山	tsu1	tsA4	tsu1	tsɿ4	tsua1	tso4	tsuən3

从上表可以看出，除古文话以外，其他五个地方精组和知系的读音保持高度一致，都是 ts－、tsh－、s－。古文话分平翘舌，精组字今读 ts－、tsh－、s－，知系大部分字今读tʂ、tʂh、ʂ。部分字例外，如“镯”“治”“罩”“足”“扎”“初”“柴”

“拆”“迟”“参”“瘦”“上”等。

（二）精组细音和见组细音今读分不分尖团

《四川方言调查报告》1941 年丁声树调查的荣县话声母分尖团[2]1378-1393页，之后对荣县音系的几次调查，均未发现有分尖团音的情况。2009 年四川师范大学研究生刘燕在荣县旭阳镇的调查结果[3]和 1956 年四川大学四川方言音系编写组在荣县的调查结果[4]一样，声母都是不分尖团。此次荣县音系调查，笔者发现了少数字分尖团音。

	尖	前	锡	习	嫁	极	劝	兴	协
广韵	精盐平	从先平	心锡入	邪缉入	见麻去	群职入	溪元去	晓蒸去	匣帖入
双古	tɕin1	tɕhin2	ɕi1	ɕi4	tɕia4	tɕi4	tɕhyn4	ɕin4	ɕie4
留佳	tɕin1	tɕhin2	ɕi4	ɕi4	tɕia4	tɕi4	tɕhyn4	ɕin4	ɕie4
新桥	tɕin1	tɕhin2	ɕi4	ɕi4	tɕia4	tɕi4	tɕhyn4	ɕin4	ɕie4
古文	tʃin1	tʃhin2	ʃi4	ʃi4	tɕia4	tɕi4	tɕhyn4	ɕin4	ɕie2
双石	tɕin1	tɕhin2	ɕi4	ɕi4	tɕia4	tɕi4	tɕhyn4	ɕin4	ɕie2
高山	tɕin1	tɕhin2	ɕi4	ɕi4	tɕia4	tɕi4	tɕhyn4	ɕin4	ɕie2

从上表可以看出，古文话是这六个点中唯一分尖团的方言，可惜的是这次调查由于时间紧迫，只调查了 1000 个字左右，其中一共发现了六个保留的尖音，除了表中的四个字外，还有“浸”“席”这两个字。浸 tʃhin4，精侵去；席 ʃi4，邪昔入。

（三）咸摄舒声开口二等见系部分腭化的字、三四等帮端见系，山摄舒声开口二等见系部分腭化的字、三四等帮端见系字的读音

	减	尖	炎	剑	添	限	棉	建	扁
广韵	见咸上	精盐平	云盐平	见盐去	透添平	匣山上	明仙平	见元去	帮先上
双古	tɕin3	tɕin1	in2	tɕin4	thin1	ɕin4	min2	tɕin4	pin3
留佳	tɕin3	tɕin1	in1	tɕin4	thin1	xan4	min2	tɕin4	pin3
新桥	tɕin3	tɕin1	in1	tɕin4	thin1	ɕiɪn4	min2	tɕin4	pin3
古文	tɕiɪn3	tʃin1	in1	tɕin4	thin1	ɕin4	min2	tɕin4	piɪn3
双石	tɕin3	tɕin1	in1	tɕin4	thin1	ɕin4	min2	tɕin4	pia3
高山	tɕiɪn3	tɕin1	iɪn2	tɕiɪn4	thin1	ɕiɪn4	min2	tɕin4	piɪn3

从上表并结合六个方言点的韵母表可以看出，双古、留佳和双石这三个点的咸摄舒声开口二等见系部分腭化的字、三四等帮端见系，山摄舒声开口二等见系部分腭化的字、三四等帮端见系字韵母都读为 - in，新桥、古文和高山这三个点既有读为 - in 的，也有读为 - iɪn 的。从绝对的量上来看，此次调查的 1000 个字里面，新桥读为 - iɪn 的字最少，只有“钳”“限”“颜”“变”这四个字，古文读为 - iɪn 的字有 14 个，高山读为 - iɪn 的最多，有 30 个字。

（四）山摄舒声合口一等端见系、二等知见系、三等知系字的读音

	端	算	欢	顽	闩	传	砖	软
广韵	端寒平	心寒去	晓寒平	疑山平	生删平	澄仙去	章仙平	日仙上
双古	tuan1	suan4	xuan1	uan2	suan1	tsuan4	tsuan1	zuan3
留佳	tuaŋ1	suaŋ4	xuaŋ1	uaŋ2	suaŋ4	tsuaŋ4	tsuaŋ1	zuaŋ3
新桥	tuan1	suan4	xuan1	uan2	suan4	tsuan4	tsuan1	zuan3
古文	tuan1	suan4	xuan1	uan2	ʂuan4	tʂuan4	tʂuan1	ʐuan3
双石	tuan1	suaŋ4	xuaŋ1	uan2	suan4	tsuan4	tsuan1	zuaŋ3
高山	tuan1	suan4	xuan1	uan2	suan4	tsuan4	tsuan1	zuan3

从上表并结合六个方言点的韵母表来看，双古、新桥、古文和高山的山摄舒声合口一等端见系、二等知见系、三等知系字韵母都读为－uan，留佳都读为－uaŋ，双石一部分字读为－uan，一部分字读为－uaŋ。

（五）山摄舒声开口三等个别字、合口三等精组见系、四等见系字的读音

	鲜	全	选	圈	院	原	劝
广韵	心鲜平	从仙平	心仙上	溪仙平	云仙上	疑元平	溪元去
双古	ɕyn1	tɕhyn2	ɕyn3	tɕhyn1	uan4	yn2	tɕhyn4
留佳	ɕyn1	tɕhyn2	ɕyn3	tɕhyn1	uaŋ4	yn2	tɕhyn4
新桥	ɕyn1	tɕhyn2	ɕyn3	tɕhyn1	yn4	yn2	tɕhyn4
古文	ɕyn1	tɕhyn2	ɕyn3	tɕhyn1	uan4	yn2	tɕhyn4
双石	ɕyn1	tɕhyn2	ɕyn3	tɕhyn1	uan4	yn2	tɕhyn4
高山	ɕyn1	tɕhyn2	ɕyn3	tɕhyn1	uan4	yn2	tɕhyn4

从上表并结合六个方言点的韵母表来看，双古、留佳、新桥、古文、双石和高山的山摄舒声开口三等个别字、合口三等精组见系、四等见系字韵母的读音都是 - yn。

（六）宕摄舒声开口一等帮端见系、三等知章组日母，合口三等非组，江摄开口二等帮组字的读音

	帮	党	仓	钢	长	唱	让	纺	胖
广韵	帮唐平	端唐上	清唐平	见唐平	澄阳平	昌阳去	日阳去	敷阳上	滂江去
双古	pan1	tan3	tshan1	kan1	tshan2	tshan4	zan4	fan3	phan4
留佳	pan1	tan3	tshan1	kan1	tshan2	tshan4	zan4	fan3	phan4
新桥	pan1	tan3	tshan1	kan1	tshan2	tshan4	zan4	fan3	phan4
古文	pan1	tan3	tshan1	kan1	tʂhan2	tʂhan4	ʐan4	fan3	phan4
双石	paŋ1	taŋ3	tshaŋ1	kaŋ1	tshaŋ2	tshaŋ4	zaŋ4	faŋ3	phaŋ4
高山	pan1	tan3	tshan1	kan1	tshan2	tshan4	zan4	fan3	phan4

从上表并结合六个方言点的韵母表来看，宕摄舒声开口一等帮端见系、三等知章组日母，合口三等非组，江摄开口二等帮组字韵母的读音，除双石话读为 - aŋ 外，其余五个点的方言都读为 - an。

（七）宕摄舒声开口三等泥组、精组、见系，江摄见系字的读音

	亮	浆	想	姜	样	江	项
广韵	来阳去	精阳平	心阳上	见阳平	以阳去	见江平	匣江上
双古	niaŋ4	tɕiaŋ1	ɕiaŋ3	tɕiaŋ1	iaŋ4	tɕiaŋ1	xan4
留佳	niaŋ4	tɕiaŋ4	ɕiaŋ3	tɕiaŋ1	iaŋ4	tɕiaŋ1	xan4
新桥	niaŋ4	tɕiaŋ4	ɕiaŋ3	tɕiaŋ1	iaŋ4	tɕiaŋ1	ɕiaŋ4
古文	nian4	tɕian4	ɕian3	tɕian1	ian4	tɕian1	xan2
双石	niaŋ4	tɕiaŋ1	ɕiaŋ3	tɕiaŋ1	iaŋ4	tɕiaŋ1	xaŋ4
高山	niaŋ4	tɕiaŋ1	ɕiaŋ3	tɕiaŋ1	iaŋ4	tɕiaŋ1	xan4

从上表并结合六个方言点的韵母表来看，宕摄舒声开口三等泥组、精组、见系，江摄见系字的韵母除古文话读为 - ian 外，其余五个点都读为 - iaŋ。

（八）宕摄舒声开口三等庄组、合口一三等见系，江摄舒声知系字的读音

	壮	霜	光	黄	筐	旺	撞	双
广韵	庄阳去	生阳平	见唐平	匣唐平	溪阳平	云阳去	澄江去	生江去
双古	tsuan4	suan1	kuan1	xuan2	khuan1	uan4	tsuan4	suan1
留佳	tsuaŋ4	suaŋ1	kuaŋ1	xuaŋ2	khuaŋ1	uaŋ4	tshuaŋ3	suaŋ1
新桥	tsuan4	suan1	kuan1	xuan2	khuan1	uan4	tsuan4	suan1
古文	tʂuan4	ʂuan1	kuan1	xuan2	khuan1	uan4	tʂhuan3	ʂuan1
双石	tsuan4	suaŋ1	kuaŋ1	xuaŋ2	tɕhiaŋ1	uan4	tshuan4	suan1
高山	tsuan4	suan1	kuan1	xuan2	khuan1	uan4	tsuan4	suan1

从上表并结合六个方言点的韵母表来看，宕摄舒声开口三等庄组、合口一三等见系，江摄舒声知系字韵母的读音主要分为三类，一类是双古、新桥、古文和高山话，读为 – uan；一类是留佳话，读为 – uaŋ；最后一类是双石话，一部分读为 – uan，一部分读为 – uaŋ。

三、荣县六个方言点语音特征比较总表（＋是，－否）

音系特点＼方言点	双古	留佳	新桥	古文	双石	高山
1. 声母不分平翘舌	+	+	+	–	+	+
2. 声母不分尖团音	+	+	+	–	+	+
3. 咸摄舒声开口二等见系部分腭化的字、三四等帮端见系，山摄舒声开口二等见系部分腭化的字、三四等帮端见系字读 – in	+	+	+	读 – in/iIn	+	读 – in/iIn
4. 山摄舒声合口一等端见系、二等知见系、三等知系字读 – uan	+	读 – uaŋ	+	+	读 – uan /uaŋ	+

5. 山摄舒声开口三等个别字、合口三等精组见系、四等见系字读 – yn	+	+	+	+	+	+
6. 宕摄舒声开口一等帮端见系、三等知章组日母，合口三等非组，江摄开口二等帮组字读 – an	+	+	+	+	读 – aŋ	+
7. 宕摄舒声开口三等泥组、精组、见系，江摄见系字读 – iaŋ	+	+	+	读 – ian	+	+
8. 宕摄舒声开口三等庄组、合口一三等见系，江摄舒声知系字读 – uan	+	读 – uaŋ	+	+	读 – uan /uaŋ	+

四、总结

（一）方言分区和古入声字归调

李荣在《中国语言地图集》中以古入声字今读调类不同将官话方言分为八个区，而西南官话被认为是入归阳平而被分为一区[3]。杨时逢根据古入声字的归调把四川方言分为四个区：入声独立区、入声归阴平区、入声归阳平区和入声归去声区。其中荣县是属于入声归去声区[2]。笔者这次调查的结果和杨时逢的结论一样，荣县六个方言点都是入声归去声，只是具体音值略有不同。

（二）荣县六乡镇方言音系总结

根据荣县六个方言点语音特征比较表，总结出荣县方言音系特征：

（1）声母不分平翘舌；

（2）声母不分尖团音；

（3）咸摄舒声开口二等见系部分腭化的字、三四等帮端见系，山摄舒声开口二等见系部分腭化的字、三四等帮端见系字读 -in；

（4）山摄舒声合口一等端见系、二等知见系、三等知系字读 -uan；

（5）山摄舒声开口三等个别字、合口三等精组见系、四等见系字读 -yn；

（6）宕摄舒声开口一等帮端见系、三等知章组日母，合口三等非组，江摄开口二等帮组字读 -an；

（7）宕摄舒声开口三等泥组、精组、见系，江摄见系字读 -iaŋ；

（8）宕摄舒声开口三等庄组、合口一三等见系，江摄舒声知系字读 -uan。

与周围其他方言相比较，其中特征（3）（5）（6）（8）是荣县方言音系最突出特征，不与附近其他方言相同。结合八个语音特征比较表和最后的总表来看，双石话和新桥话基本一致，具有荣县话咸山摄细音读 -in、-yn，宕摄洪音读 -an、-uan 的特点。其次是高山话，除了“咸摄舒声开口二等见系部分腭化的字、三四等帮端见系，山摄舒声开口二等见系部分腭化的字、三四等帮端见系字”一部分读 -in，一部分读 -iɪn 外，其余特征与双石话和新桥话一致。再次是留佳话和双石话，留佳话山摄舒声合口和“宕摄舒声开口三等庄组、合口一三等见系，江摄舒声知系字”都读 - uaŋ，而双石话这两个语言特征都是一部分字读 - uan，一部分字读 - uaŋ。最后是古文话，与其他五个方言点的方言相差很大，不仅声母分平翘，分尖团，而且宕江摄开口细音都是读为 - ian，与其他五个点皆不同。

古文镇位于荣县与自贡市的交界处，可能本来就属自贡话的一部分。至于声母分尖团的遗存，有两种可能：一是可能同样是受自贡话的影响。早期自贡话是分尖团的。周及徐师指出，演员陈戈（1916—1982）是老自贡人，在电影《抓壮丁》里饰演王保长，用方言演出，陈戈的道白清楚地分尖团。二是，古文话分尖团就是荣县话的遗存，《四川方言调查报告》中的荣县话分尖团[2]1378 - 1393。如果是这样的话，古文话仍属于荣县音系，只不过由于靠近自贡市，声母受自贡话影响而分平翘。

参考文献：

[1] 周及徐. 四川荣县话音系来源考察——明清“湖广填四川”的语言学证据 [J]. 待发表.

[2] 杨时逢. 四川方言调查报告 [M]. 台北：“中央研究院”历史语言研究所，1984.

[3] 刘燕. 四川自贡等八县市方言音系调查研究 [D]. 四川师范大学硕士学位论文，2011.

[4] 四川大学编写组. 四川方言音系 [J]. 四川大学学报，1960 (1).

[5] 侯精一. 现代汉语方言概论 [M]. 上海：上海教育出版社，2002.

[6] 李荣，丁声树. 汉语音韵 [M]. 上海：上海教育出版社，1981.

［7］林焘，王理嘉．语音学教程［M］．北京：北京大学出版社，2013．

［8］中国社会科学院语言研究所．方言调查字表［M］．北京：商务印书馆，1981．

［9］朱晓农．语音学［M］．北京：商务印书馆，2010．

［10］周及徐．南路话和湖广话的语音特点——兼论四川两大方言的历史关系［J］．语言研究，2012（3）．

Phonological Differences of Six Towns' Dialects in Rongxian, Sichuan Province

Wang Jundan

(College of Arts, Sichuan Normal University; Cheng du, Sichuan; 610068)

Abstract: Rongxian County, located in the southern Sichuan Province, whose dialect is different from which of surrounding areas. Based on the materials collected from dialect field work, the author compares the dialects of six towns in Ronxian and explores the reasons for their differences.

Key Words: Rongxian; dialects; phonological systems; contrast

四川乐山市苏稽话音系[①]

陆文美[②]

摘　要　本文以苏稽话的田野调查材料为基础，归纳出苏稽话音系。在四川方言中，苏稽话具有典型的南路话特征，且咸、山摄洪音字鼻韵尾弱而短，细音字鼻韵尾丢失。

关键词　苏稽话　方言音系　田野调查

一、概况

（一）地理位置

苏稽（当地音栖）镇隶属四川省乐山市，位于乐山市市中

① 项目基金：国家社会科学后期资助项目“岷江流域方音字汇——20 世纪四川方音大系之一”（项目号 17FYY004）。

② 作者简介：陆文美，女，四川师范大学文学院汉语言文字学专业 2018 级研究生。

区西部。峨眉河由北向南流入大渡河，途经苏稽镇，东面与市中区交界，西面与峨眉山市毗邻，南面与沙湾区、五通桥区交界，北面与夹江县交界。地理位置优越，是千年古镇，有着深厚的民间文化底蕴和悠久的历史积淀，距省会成都市 139.5 公里，距乐山市 14 公里。2013 年，全镇面积 40.8 平方公里。

图 1　苏稽镇地理位置

（二）田野调查情况

调查时间：2018 年 12 月 15 日至 17 日。调查地点：乐山市苏稽镇。调查人：周亚欧（四川师范大学 2018 级博士研究生）、陆文美（四川师范大学 2018 级硕士研究生）。发音人基本情况：何志忠，男，1947 年 7 月出生，乐山市苏稽镇人，初中文化程度，未长时间离开过苏稽镇，讲苏稽话。记音整理及音系归纳：

陆文美。参加调查其他人员：周及徐（四川师范大学教授）、吴定初（四川师范大学教授）、陈鹏（四川师范大学2016级博士研究生）、王俊丹（四川师范大学2018级硕士研究生）。

本次田野调查使用上海师范大学研发的斐风（Field Phone）、Mini Box声卡和德国拜耳动力TG H55C话筒调查录音，调查字表以中国社会科学院语言研究所《方言调查字表》为基础，结合当地方言情况及特点适当筛选制成，最终调查字数为3882个[6]。笔者以调查材料听音、记音，使用Praat软件进行声调测值及相关作图工作，最后总结出苏稽话语音系统。

二、音系

（一）声母

如表1所示，苏稽话声母共20个，包括19个辅音声母和1个零声母，以下列出苏稽话声母表：

表1　苏稽话声母表

p 巴罢别	ph 菠婆	m 明免木	f 夫负胡	v 乌武误
t 多队夺	th 土驼	n 那罗年厉严		
ts 座著炸朱昨值	tsh 搓才耻持创川		s 苏沙舍社示	z 惹挠
tɕ 姐聚坚及	tɕh 取钱牵权		ɕ 写许下习	
k 哥共	kh 可葵	ŋ 偶安	x 火荷合	
ø 尾而外衣永液				

1. 声母说明[4]62-64

（1）p ph t th k kh：清塞音，听感和普通话基本一致，但发送气音时气流较之更强。

（2）ts tsh s：与普通话的 ts 组相比，发音部位靠后，舌尖抵上齿龈，比北京的舌尖前音位置靠后。

（3）z：浊擦音，摩擦明显，同标准 z-。

（4）ŋ：浊鼻音，只出现在开口呼前，软腭阻塞明显，鼻气流比较弱。

（5）v：唇齿浊擦音，摩擦明显，只与单韵母-u 相拼。如午、误、伍、污等。

（6）声母为零声母，主元音为-i 时，摩擦较为明显，实际音值为 j^{i}。如意、爷、衣。

2. 声母规律

（1）不分平翘舌。古知系字与精组洪音皆读 ts-/tsh-/s-，如“知” = “咨” tsɿ1，如“持” = “祠” tshɿ2，如“狮” = “撕” sɿ1。

（2）不分尖团。古精组细音与见系细音全混，皆读 tɕ-/tɕh-/ɕ-，如“酒” = “九” tɕiəu3，“须” = “虚” ɕy1[3]6,7。

（3）泥、来两母全混。古泥、来母字全读 n-，如“奈” = “赖” nai4，如“年” = “莲” niᴇ2。

（4）日母止摄字读零声母 ø-，如：儿、二、尔、而、饵；其他全读 z-，如惹、乳、绕、柔、染。

（5）疑、影两母古开口一、二等字读 ŋ-，如疑母“碍”“傲”“偶”“岸”，影母“哀”“澳”“殴”“暗”。

（6）疑母部分三等字读 n-，如艺、凝、验、严。

（7）部分疑、影、微母字与单韵母 – u 相拼时读 v –，如疑母“伍”“梧”“午”，影母“乌”“坞”“污”，微母“务”“舞”“无”“武”。

（8）部分见系二等字未腭化，如“街”“窖”“粳”读 k –，“鞋”“蟹”“咸”“陷”“馅”“衔”“项”“巷”“吓”读 x –，“敲”“嵌”读 – kh。

（二）韵母

如表 2 所示，苏稽话韵母共 39 个，其中单元音韵母 11 个，复元音韵母 17 个，鼻音韵尾 11 个，以下列出苏稽话韵母表（下双线为文读和新读，下单线为白读和旧读）。

表 2　苏稽话韵母表

ʅ 紫汁侄式只	i 彼细逼踢	u 多波杜摸肤牡	y 女娶玉虽
ɚ 儿二而			
ɑ 哪怕拉撒	ia 家佳贾	ua 滑刷	
æ 哲彻色则虱	iæ 甲瞎鸭		
ə 恶合涩葛核克	ie 劫七烈立力滴	ue 括阔扩	
ɘ 十直石失			
o 个泼握沃	io 乐育觉月阅脚		
ʉ 突骨毒福			
ai 海挨牌	iɛi 疥皆	uai 帅怪	
ei 妹碑飞肥		uei 崔堆吹水	
au 保貌超矛	iau 交秒调		
əu 口州肉	iəu 流宿		
an 贪喊闪旦班然	iᴇ 监点简变	uan 团幻专	yᴇ 全园玄泉
en 森吞曾省寸	in 临拼冰英	uən 困纯文	yn 寻君泳
aŋ 旁芒窗	iaŋ 粮讲江	uaŋ 光创撞	
oŋ 否猛东农风	ioŋ 兄穷凶		

图2　苏稽话元音舌位图

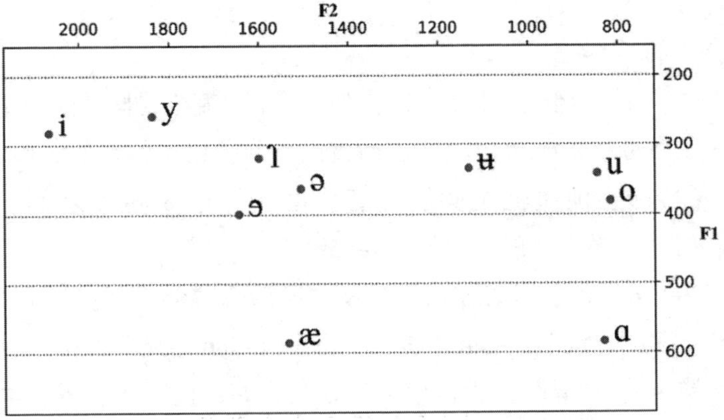

1. 韵母说明[8]232

(1) ɿ：舌尖前元音，只能和舌尖擦音、塞擦音相拼。如：制、此、紫、斯。

(2) ɘ：央半高不圆唇元音，只能和舌尖擦音、塞擦音相拼。如：执、尺、十、湿。

(3) i：前高不圆唇元音，如：-i“医”“姨”；-ia“家”“下”，-ai“台”“改”。

(4) u：后高圆唇元音，单独作音节时，圆唇度小，舌位靠前，实际音值接近次高展唇元音 ʊ，如：巫、诬、鹉；与唇齿浊擦音声母 v-相拼时，摩擦明显，如：午、无、五、武；与其他声母相拼时圆唇度较普通话偏小，如：左、菠、果、都。

(5) ʉ：央高圆唇元音，与其他声母相拼时舌位偏后，如：末、不、出、独。臻摄入声合口字在零声母情况下产生音位变体-o，如：勿、物。

（6）y：前高圆唇元音，与普通话相比圆唇度较小，零声母时略带摩擦，如：鱼、语、御、羽；－yE“全”“宣”；－yn“俊”“询”。

（7）ɑ：后低不圆唇元音，如：－ɑ“瓦”“蛙”“挖”“洼”；与其他声母相拼时舌位较普通话偏高，如：巴、怕、妈、沙。

（8）æ：前次低不圆唇元音，读音介于a和ɛ之间。如：－æ“踏”“杂”“蜡”“察”；－iæ“瞎”“鸭”。

（9）o：后半高圆唇元音，较普通话舌位低，如：－o“跛”“个”“和”“沃”；－oŋ“否”“朋”，－ioŋ“兄”“容”。作为入声韵－o、－io时，舌位偏央、较松，如：握、沃、域、学。

（10）ə：央中不圆唇元音，舌位较普通话偏高，如：刻、革、厄、获。

（11）ɚ：卷舌元音，只与零声母相拼，近普通话，如：二、而、耳、尔。

（12）－iɛn鼻韵尾－n丢失后变为－iE。有的字－iE尾有向i滑动的趋势，短促，未形成i尾。

（13）－an、－uan中的鼻音韵尾弱而短，舌尖未抵上齿龈，实际为－a^n、－ua^n，如：探、参、删、断。

（14）入声韵－io韵与声母tɕ－/tɕh－/ɕ－相拼时产生音位变体－iʉ（同音字表单独列出），元音央高。

2. 韵母规律

（1）果摄一等字韵母基本读－u，如：左、哥、河、播；三等读－y，如：靴。

（2）假摄麻韵开口二等字读－ɑ，如：巴、茶、把、怕；合口二等字－u－介音丢失读－ɑ，如：瓦、瓜、花、华。

（3）假摄麻韵三等精组、见系字多读 -i，如：姐、借、爷、些，知系字大部分读 -ei，如：车、扯、蛇、射。

（4）遇摄字韵母字多读 -u/ -y，如：铺、怖、步、吕、徐、取。

（5）蟹摄开口二等见母字少数读 -iɛi，如：皆、疥，多数读 -ie，如：介、届、界、戒。

（6）蟹摄合口一等泥组部分字保留 -u- 介音读 -uei，如：累、儡；合口二等字 -u- 介音丢失读 -ɑ，如：挂、画、蛙、话。

（7）止摄开口帮系字部分字同时保留两种读音：-i、-ei，如：眉、楣、备、被。

（8）效摄一、二等字多读 -au，如：保、到、饱、闹；三、四等多读 -iau，如：苗、蕉、挑、缴。

（9）流摄一等字多读 -əu，如：口、搂、购、偶；三等字多读 -iəu，如：刘、修、纠、九。

（10）咸摄舒声字大多读 -an/ -iᴇ，如：贪、胆、点、变；入声字一、二等大多读 -æ/ -ə/ -iæ，如：踏、杂、合、鸽、夹、鸭，三、四等大多读 -ie，如：接、页、劫、帖。

（11）深摄舒声字大多读 -in/ -en，如：林、侵、甚、任；入声字大多读 -ɘ/ -ie，如：十、执、粒、辑。

（12）山摄舒声开口字大多读 -an/ -iᴇ，如：丹、岸、艰、变；入声开口字大多读 -æ/ -iæ/ -ə/ -ie，如：达、辖、设、节。舒声合口字大多读 -an/ -uan/ -yᴇ，如：般、满、端、官、玄、泉；入声合口字大多读 -ʉ/ -ue/ -ua/ -io，如：末、括、刷、悦。

（13）咸、山两摄洪音字鼻韵尾 – n 弱而短，如“贪”“担”“单”“干”实为 – a^n，“幻”“玩”“欢”“关”实为 – ua^n；细音字鼻韵尾 – n 丢失，“监”“验”“件”“连”实为 – iE，“全”“宣”“选”“旋”实为 – yE。

（14）臻摄舒声开口字大多读 – en/ – in，如：根、恩、宾、斤；入声开口字多读 – ɘ/ – ie，如：质、失、笔、悉。舒声合口字多读 – en/ – uən/ – yn，如：奔、盆、昆、困、俊、迅；入声合口字多读 – ʉ/ – io，如：勃、骨、橘、屈。

（15）臻摄舒声合口一、三等端、泥、精组字（除邪母）失去 – u – 介音读 – en，如：盾、寸、伦、存。

（16）宕摄舒声开口字多读 – aŋ/ – iaŋ，如：帮、忙、当、良、量、奖；入声开口字多读 – ʉ/ – io，如：托、诺、约、药。舒声合口字多读 – uaŋ，如：光、荒、芳、芒；入声合口字多读 – ə/ – ue，如：霍、藿、郭。

（17）山、宕摄入声合口一等见、溪两母字读 – ue，如：括、阔、扩、郭。

（18）咸、山、宕摄入声开口一等见系字大部分读 – ə，如：合、鸽、割、渴、各、胳。

（19）江摄舒声多读 – aŋ/ – uaŋ，如：邦、庞、港、双、桩、撞；入声多读 – ʉ/ – io，如：剥、驳、朴、觉、确、学。

（20）宕、江摄入声开口二、三等精组、见系字读 – io，如：药、约、岳、乐。

（21）曾摄舒声开口字多读 – en/ – in，如：曾、崩、灯、凭、冰、陵；入声开口字多读 – æ/ – ie，如：北、墨、默、息、力、即。

（22）梗摄舒声开口字多读 - en/ - in，如：争、硬、幸、樱；入声开口字多读 - æ/ - ə/ - ie，如：百、拍、格、客、席、籍。

（23）通摄舒声字大多读 - oŋ/ - ioŋ，如：洪、冬、风、穷、熊、凶；入声字大部分读 - ʉ/ - io，如：木、读、毒、菊、畜、局。

（24）深、臻、曾、梗入声开口三、四等帮、端、见系大部分字读 - ie，如：粒、悉、极、席。

（25）深、臻、曾、梗入声开口知系字大部分读 - ɘ，如：什、失、植、石。

（三）声调

苏稽话有五个声调，分别是阴平、阳平、上声、去声、入声。以下选取各声调代表字，用 Praat 软件测出其基频值及相关数据，并绘制出声调绝对时长曲线图，测出各声调具体调值：阴平 45，阳平 231，上声 51，去声 213，入声 43，列出苏稽话声调表。

表 3　苏稽话声调表

阴平	1	45	巴多株佳追
阳平	2	231	驼牙茶魔霞
上声	3	51	把朵惹可马
去声	4	213	骂弟部布播
入声	5	43	搭法集烈八

图 3　苏稽话声调绝对时长曲线图

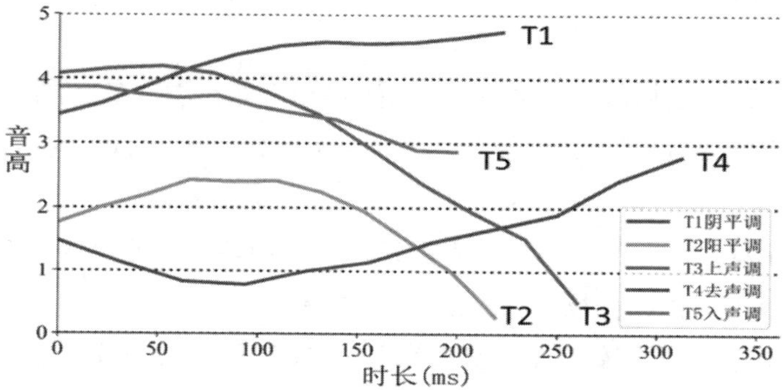

声调说明：

阴平调为高升调，升势不明显，较为平缓，时长较短；

阳平调为拱调；

上声调为高降调，降势较陡，时长较长；

去声为降升调，凹调，时长最长；

入声为缓降调，降势不明显，时长最短。

三、苏稽话与“南路话”的关系

周及徐《南路话与湖广话的语音特点——兼论四川两大方言的历史关系》一文，将四川、重庆等地方言分为“湖广话”和“南路话”两大方言。“湖广话”是四川人对成都和重庆等地方言的俗称，一般指以成都和重庆两地的方言为代表的通行于成渝地区的方言。“南路话”是四川人对当地另一种方言的俗称。“南路话”指岷江以西及以南，特别是成都西北至西南的都江堰、温江、崇州、大邑、邛崃、蒲江和新津一带的方言。在更大的范围上，有这种语音特征的方言沿岷江以西一直向南分布，经乐山、宜宾直至泸州地区，再折向东北进入今重庆市境内[7]65、66。在四川人的认知中，“湖广话”与“南路话”是两种完全不同的方言。它们在语音、词汇上都有自己的特征，最明显的是“南路话”的语音特征是入声独立。

通过调查整理，可以发现苏稽话具有以下几大方面的语音特征。

1. 果摄一等字多数读 - u，同遇摄一等字；麻三精组、见系字韵母大部分读 - i；入声独立，保留大量入声韵 - ʉ、- o、- io 等；咸、山、曾、梗开口入声一、二、三等字韵母都读 - æ；深、臻、曾、梗入声三、四等开口帮端见系读 - ie；深、臻、曾、梗入声开口三等知章组字读央元音 - ɘ。这一系列现象说明苏稽话具有典型的“南路话”语音特征。

2. 知系声母读 ts - ，是“湖广话”和“南路话”所共有的语音特征。“泥”“来”“母”“全”“混”，近“湖广话”[2]33。

3. 一部分麻二、皆韵合口字读 - ɑ 韵，这是当地比较特别的一个语言特点，与“湖广话”与“南路话”的普遍现象皆不同。

4. 咸、山两摄洪音字鼻韵尾 - n 弱而短；细音字鼻韵尾 - n 丢失形成 - iE、- yE 韵，不同于成都话的鼻韵尾弱化现象，这是苏稽话与乐山话的一大特色。臻摄入声合口字在零声母情况下产生音位变体 - o > - ʉ，山、臻、宕、江、曾、梗、通入声三等字与声母 tɕ - /tɕh - /ɕ - 相拼时产生音位变体 - io > - iʉ。这表明苏稽话与其他南路话有所分化。

综上所述，苏稽话的语音特征更加贴合“南路话”的语音特征。同时，苏稽话的人称代词“我你他”仍保留较古老的发音，分别读作“ŋəu1/niəu1/təu1”。又，当地老话把“酸汤萝卜”读作 so1 thaŋ1 ləu2 pu4，“酸茄”（西红柿）读作 so1 tɕhi2。这些语音及由来，也是本次调查的动因之一，目前还待进一步探寻。

通过调查发现，近年来苏稽话正因受到成渝地区“湖广话”的影响而发生改变，例如：苏稽话果摄舒声字读“u”，如“哥”，这类字已经出现混读现象：在平常交流中读为“u”，但在稍正式一些场合会刻意读为“o”。本次调查的发音人文化程度并不高，并且从未长时间离开过苏稽，但语音上已经开始发生变化，这使我们意识到方言调查的重要性，如果不能及时记录，那么我们将失去方言一部分原有的发音。

参考文献：

［1］北京大学中国语言文学系语言学教研室. 汉语方音字汇［M］. 北京：语文出版社，2003.

［2］侯精一. 现代汉语方言概论［M］. 上海：上海教育出版社，2002.

［3］李荣，丁声树. 汉语音韵［M］. 上海：上海教育出版社，1981.

［4］林焘，王理嘉. 语音学教程［M］. 北京：北京大学出版社，2013.

［5］杨时逢. 四川方言调查报告［M］. 台北：“中央研究院”历史语言研究所，1984.

［6］中国社会科学院语言研究所. 方言调查字表［M］. 北京：商务印书馆，1981.

［7］周及徐. 南路话和湖广话的语音特点——兼论四川两大方言的历

史关系［J］. 语言研究，2012（3）.
［8］朱晓农. 语音学［M］. 北京：商务印书馆，2010.

Phonetic System of Suji Dialect in Leshan City, Sichuan Province

Lu Wenmei

(College of Liberal Arts, Sichuan Normal University, Chengdu, Sichuan; 610068)

Abstract: This paper summarizes the phonetic system of Suji dialect with the help of the materials collected from the field work in Suji. The Suji dialect has the typical characteristics of the Nanlu dialect（南路话）, and the nasal coda of Hongyin（洪音）syllables in Xianshe（咸摄）and Shanshe（山摄）are weak and short, and the nasal coda of Xiyin（细音）syllables are lost.

Key Words: Suji dialect; phonetic system; field work

附　　录

(乐山市) 苏稽话同音字汇

本字汇根据乐山苏稽话单字的韵母、声母、声调的次序排列。写不出本字的用方框“□”来表示，后面用小字作注释或举例。举例中用“～”代替所释字。字下加“—”表示白读音，加“=”表示文读音。字汇中音标一律不用方括号。

ɑ

p 1 巴芭疤笆吧$_{\text{酒~}}$ 杷爬 2 爸 3 把$_{\text{~握}}$ 4 坝$_{\text{平地把刀~}}$ 坝$_{\text{大~}}$ 罢

p^h 2 琶钯耙爬螃 4 怕帕

m 1 妈 2 麻痳 3 马码 4 骂

t 3 打 4 大

n 1 拉垃 2 哪$_{\text{~吒}}$ 拿 3 哪$_{\text{哪里}}$ 4 那

ts 1 查$_{\text{姓}}$渣抓 2 眨闸 4 诈榨炸$_{\text{轰~}}$ 乍炸$_{\text{把食物放入汤或煮沸的油里弄熟}}$

ts^h 1 杈叉$_{\text{~子}}$ 差$_{\text{~别}}$ 差$_{\text{~多少}}$ 2 茶搽查$_{\text{检~}}$ 茬 4 岔

s 1 沙纱痧砂杉 3 撒傻耍洒萨厦$_{\text{高楼大~}}$

k 1 瓜 3 寡剐 4 挂卦褂

k^h 1 夸 3 垮 4 跨

x 1 □$_{\text{弯：~腰}}$ 花 2 华$_{\text{中~}}$ 铧华$_{\text{~山}}$ 桦 4 化划画话 5 划

ø 1 洼蛙挖 2 娃 3 瓦$_{\text{名词，~片}}$ 瓦$_{\text{动词，~砖}}$

æ

p 5 八拔北百柏伯白帛擘陌

p^h 5 钹泊$_{\text{梁山~}}$ 泊$_{\text{停~}}$ 迫拍魄

m 5 抹$_{\text{~布}}$ 墨默脉麦陌

f 5 发$_{\text{头~}}$ 发$_{\text{~展}}$ 伐筏罚法乏

t 5 搭答达得德

t^h 5 踏搨沓塔榻遢溻塌獭特

n 5 纳腊蜡镴捺辣勒肋

ts 5 扎$_{\text{针~}}$ 杂札扎$_{\text{~紧}}$ 铡哲蜇辙折浙则贼仄侧窄摘责栅宅

ts^h 5 厕插擦秩察撤彻澈斥恻测拆择泽册策

s 5 虱杀塞色啬

z 5 热

ai

p 3 摆 4 拜稗败

p^h 2 排牌徘 4 派

m 2 埋 3 买 4 卖迈

t 1 呆$_{\text{书~子}}$ 呆$_{\text{笨}}$ 3 逮 4 戴贷待怠殆代袋带

t^h 1 胎苔台$_{\text{天~，~州}}$ 2 台$_{\text{~湾}}$ 台$_{\text{平~}}$ 抬 4 态太泰

n 2 来 3 乃奶 4 耐奈赖癞瘌

ts 1 灾栽斋 3 宰载$_{\text{年~}}$ 4 再载$_{\text{~重}}$ 在载$_{\text{满~债}}$ 寨

ts^h 1 猜钗差$_{\text{出~}}$ 2 才$_{\text{刚~}}$ 才$_{\text{人~}}$ 材财裁豺柴 3 彩採踩睬 4 菜蔡

s 1 腮鳃筛$_{\text{~选}}$ 筛$_{\text{谷~}}$ 4 赛晒

k 1 该街 3 改解$_{\text{~开}}$ 4 盖丐

k^h 1 开揩 3 凯楷 4 概溉慨

ŋ 1 哀埃唉挨 2 硙崖捱岩 3 矮 4 碍爱艾蔼隘

x 2 孩亥鞋还~有 3 海蟹 4 害骇

an

p 1 搬般班斑扳颁 3 板版 4 扮半绊伴拌办瓣蛀~埠

p^h 1 潘攀 2 盘 4 判畔叛盼襻

m 2 瞒馒鳗蛮 3 满 4 蔓漫幔慢

f 1 藩翻番帆 2 烦矾繁凡 3 反 4 贩饭泛范师~范姓犯梵

t 1 耽担~任丹单~独 3 掸胆疸 4 担~子淡旦诞但弹子~蛋

t^h 1 贪坍滩摊瘫 2 潭谭坛谈痰檀壇弹~琴 3 毯坦 4 探叹炭

n 2 南男婪蓝篮难困~兰拦栏 3 缆览揽榄懒 4 滥难落~烂

ts 1 砧簪黏沾粘瞻毡 3 斩攒盏展 4 暂錾站~立站车~蘸赞~助濽赞称~占佔绽栈战

ts^h 1 搀餐参~加 2 惭馋谗残蟾蚕缠蝉禅~师 3 惨产 4 忏灿颤

s 1 三衫钐珊山 3 散松~伞陕闪 4 散~会搧扇善膳单姓禅~让

z 2 然燃 3 染冉

k 1 甘柑泔尴干天~地支干干湿肝竿杆 3 敢橄感秆擀赶 4 干干部

k^h 1 堪龛勘刊 3 坎砍槛 4 嵌看~守看~见

ŋ 1 庵安鞍 4 揞暗岸按案雁晏

x 1 憨酣鼾 2 咸咸淡咸~丰含函寒韩衔闲 3 喊叫~喊呻吟罕 4 撼憾汉熯旱捍汗焊翰苋

aŋ

p 1 帮邦浜 3 榜绑 4 谤傍棒蚌~壳

p^h 2 滂旁庞螃 4 胖

m 2 忙芒~种茫麦~芒盲虻氓 3 莽蟒

f 1 方芳 2 妨房防肪 3 坊作~仿~效纺~纱仿相~彷访 4 放

t 1 当应~裆 3 党档 4 挡当~铺盪荡宕

t^h 1 汤 2 堂棠螳唐糖塘 3 倘躺 4 烫趟

n 2 囊郎廊狼螂 3 朗 4 浪

ts 1 赃脏肮~张章樟蟑 3 长~高涨掌 4 脏五~葬藏西~帐胀账丈仗杖障瘴

ts^h 1 仓苍舱疮昌菖娼倡窗 2 藏隐~长~短肠场 3 厂 4 畅怅唱

s 1 桑丧~事商伤 2 常尝裳偿 3 磉嗓搡爽赏 4 丧~失 上动词，~去 尚上方位，~面

z 2 瓤 3 壤攘嚷 4 让

k 1 刚岗纲钢~铁冈缸钢刀鈍了，加~刀肛 3 港 4 杠抬物用具虹天上的~杠同槓，粗棍

k^h 1 康糠慷 2 扛 4 抗炕园

ŋ 1 肮

x 1 夯 2 行银～航杭 4 项巷

ø 2 昂

au

p 1 褒包胞抱 3 保宝堡饱 4 报暴菢豹爆鲍刨～子雹曝抱

p^h 1 抛脬 2 袍刨挖掘 3 跑 4 泡水～泡～茶炮

m 1 猫花～猫一种动物 2 毛茅锚矛 3 卯 4 冒帽貌

t 1 刀 3 倒打～岛捣蹈 4 到倒～着走稻道盗

t^h 1 叨滔掏涛 2 桃逃淘陶萄 3 祷讨导 4 套

n 1 捞 2 劳牢唠痨涝 3 脑恼老姥 4 闹

ts 1 糟遭朝早上召昭招 3 沼早枣蚤澡爪找笊 4 灶皂赵兆照诏罩

ts^h 1 操超抄钞 2 曹槽潮朝～代巢 3 草騲炒吵 4 躁糙造燥

s 1 骚臊缫烧筲捎稍 3 嫂扫～地少多～ 4 扫扫～少～年韶绍邵潲猪食潲～雨哨

z 2 铙饶桡挠 3 扰绕围～绕～线

k 1 高膏～药篙糕羔膏～车茭～笋 3 稿搞 4 告窖觉

k^h 1 敲 3 考烤拷 4 靠犒铐

ŋ 1 爊凹 2 熬 3 袄咬 4 傲懊～悔奥澳懊～恼坳拗撬

x 1 蒿薅 2 毫豪壕号～叫 3 好～坏 4 好爱～耗号口～浩

ɚ

ø 2 儿而 3 尔耳饵 4 二贰

ə

ts 5 摺褶

s 5 赦涩瑟摄涉舌设折

k 5 鸽割葛胳各阁搁格骼革隔嗝角

k^h 5 咳磕渴壳克刻时～表刻用刀～客

ŋ 5 恶～毒鄂鳄腭愕恶凶～额厄扼轭讹

x 5 合十～一升合～作盒喝郝鹤核～桃获霍藿黑或惑赫吓恐～核审～核果子～

ɘ

ts 5 执汁侄质掷炙直值织职植殖

ts^h 5 尺赤吃饬

s 5 湿十什～物拾实失室释石食蚀识适

z 5 日

ei

p 1 杯碑卑悲 4 贝狈陛鐾辈倍背后~背~书焙臂被备

p^h 1 批胚坯披丕 2 培陪赔裴 4 沛配佩

m 2 梅枚媒煤玫莓霉眉楣 3 每美 4 妹昧媚寐

f 1 飞非妃 2 肥 3 匪菲翡 4 废肺柿吠痱沸费

n 2 雷 4 内擂累

ts 1 遮 3 者 4 蔗

ts^h1 笸車火~3 扯

s 1 赊佘畲奢 2 蛇 3 舍~不得 4 射发~麝舍宿~騇社射~箭

z3 惹

en

p1 奔崩绷捆缚 3 本 4 笨

p^h2 盆彭膨 4 喷~香

m2 门 4 闷

f 1 分吩芬纷 2 焚坟 3 粉 4 喷~水粪奋愤忿份

t 1 敦墩登灯 3 等戥 4 顿扽屯盾矛~盾~牌沌钝遁凳邓澄~清

t^h1 吞 2 豚臀藤腾誊

n 2 伦沦轮仑能棱 3 冷 4 嫩论~语论讨~

ts1 针斟珍遵榛臻真诊尊撙贞侦征~兵增曾姓憎征~求蒸争筝伸 3 怎枕~头疹振震整拯 4 枕动词圳镇阵郑正~月正~直政赠甑证症

ts^h1 参~差村称~呼撑睁伸 2 沉岑陈尘臣存澄~清曾~经醇呈程成城诚盛~饭层惩橙~子承丞橙甜~3 忖逞 4 趁衬寸蹭称~心秤掌

s1 森参人~深身申孙声僧升生牲甥笙 2 神娠辰晨乘 3 沈审婶笋榫损省眚省 4 渗葚甚肾慎圣盛兴~剩胜~任胜~败

z 1 扔 2 壬人仁仍 3 忍刃韧 4 任姓任~务纴认

k1 跟根更三~庚羹耕粳 3 哽梗耿 4 埂更~加

k^h1 坑 3 恳诚~垦~荒啃肯

ŋ1 恩 4 硬

x 1 亨哼 2 痕恒衡 3 很 4 恨杏~儿

əu

t1 他兜 3 斗十升为~陡 4 斗~争豆痘逗

t^h1 偷 2 头投 3 抖敨 4 透

n 2 缕屡楼 3 搂~抱篓搂~取 4 漏

陋

ts 1 邹掫绉周姓舟州洲周~年 3 走肘帚 4 奏昼纣宙咒骤

ts^h 1 抽 2 绸稠筹愁酬仇报~仇姓 3 丑地支名丑难看 4 凑臭

s 1 搜飕馊搜收 3 叟手首守 4 嗽瘦兽受寿授售

z 2 柔揉 4 肉

k 1 勾~引钩沟 3 狗苟 4 垢够足~够往上~构购勾~当

k^h 1 抠眍 3 口 4 叩扣寇

ŋ 1 欧区姓我 3 藕偶配~偶~然呕殴 4 沤怄

x 2 侯喉猴 3 吼 4 后皇~厚后~来候

iE

p 1 边鞭编 3 蝙扁匾贬 4 辫变辩辨便方~遍一~

p^h 1 篇偏 2 便~宜 4 遍~地片骗

m 2 眠绵棉 3 免勉缅娩 4 面吃~面~子

t 1 掂颠癫 3 点典 4 踮店簟电殿奠佃垫淀

t^h 1 添㮇天 2 甜田填 3 舔腆

n 1 拈 2 鲇年怜莲廉镰帘严俨连联 3 撚脸碾 4 恋酽念廿练炼链楝炼砚敛殓验

tɕ 1 监~视兼肩坚尖艰间中~间一~房间奸歼煎 3 减碱茧趼笕舰检俭裥简柬拣剪践 4 鉴监国子~健腱荐见谏渐剑涧锏间~断箭溅贱件建毽键

$tɕ^h$ 1 谦笺千牵纤拉~签竹~签~字扦纤~维迁 2 前钱掮潜钳乾虔犍~为县犍阉割过的牛 3 遣浅 4 歉欠

ɕ 1 先仙 2 嫌贤闲涎 3 筅显险 4 陷馅县宪献现限苋线羡

ø 1 淹阉炎醃腌蔫食物不新鲜蔫花~了研烟胭 2 盐调味品阎檐颜延蜒言 3 掩眼演衍 4 魇厌靥艳焰盐动词,腌制谚筵堰燕~子宴燕姓咽

i

p 1 逼 3 彼俾鄙比 4 蔽敝弊币毙蓖闭箅婢被~迫篦避秕庇备

p^h 1 屄 2 皮疲脾琵枇 3 痞 4 譬痹屁

m 2 迷谜糜弥靡眉楣 3 米

t 1 爹低 3 底抵 4 帝蒂弟第递地

t^h 1 堤梯 2 题提蹄啼 3 体 4 替涕剃屉

n 2 泥犁黎倪尼呢梨厘狸疑离~别篱璃离分~宜 3 礼李里一~路理里~面鲤拟你 4 例厉励艺丽隶莉腻利痢吏荔仪

蚁谊义议诣

tɕ 1 脐鸡饥~饿肌基箕姬机讥饥~荒几~乎虮羁奇~数 3 姐挤几茶~己杞几~个 4 借祭际穄济剂计继冀纪记忌既季寄技妓

tɕʰ 1 妻凄悽稽欺期溪奚 2 茄齐荠畦祁棋旗其奇好~骑岐 3 且启企起岂祈 4 砌契器弃气汽

ɕ 1 些西棲犀兮携嘻嬉熙希稀牺 2 褫邪斜胥徙 3 写洗禧喜蟢玺 4 泻卸谢细婿系~鞋带系中文~系连~係戏

ø 1 椰伊医衣依 2 爷移姨夷饴怡贻遗 3 野徛椅倚以已矣也 4 意夜刈肆缢瞖易容~異毅忆亿腋易贸~翼液

ia

tɕ 1 家加痂嘉傢稼佳搛 3 假真~贾姓假放~ 4 架驾嫁价

ɕ 1 虾鱼~虾~蟆 2 霞瑕遐暇 4 吓~一跳下~面夏姓厦~门下~降夏春~

ø 1 鸦丫桠 2 牙芽衙伢蚜涯 3 哑 4 研亚压

iæ

tɕ 5 夹裌甲胛挟荚

tɕʰ 5 掐恰洽搕

ɕ 5 狭峡侠匣瞎辖

ø 5 鸭押轧

iaŋ

n 2 娘良凉粮梁粱 3 两~个两斤~辆 4 酿量~尺寸亮谅量数~

tɕ 1 将~来浆疆僵姜缰姜江豇 3 蒋奖桨讲 4 酱将大~匠降下~

tɕʰ 1 枪羌腔筐 2 墙强坚~强勉~ 3 抢 4 呛

ɕ 1 相互~箱厢湘镶香乡 2 详祥翔降投~ 3 想晌饷享响 4 相~貌象像向

ø 1 央秧殃 2 羊洋杨阳扬疡 3 仰养痒 4 样

iau

p 1 膘标彪 3 表~面表手~婊

pʰ 1 漂薸 2 瓢嫖 3 鳔 4 漂~白票漂~亮

m 2 苗描 3 秒渺藐 4 庙妙

t 1 刁雕貂凋 3 鸟 4 吊钓调~动掉调音~

tʰ 1 挑 2 条调~和 4 跳~高粜跳小孩不高兴跺脚的说法

n 2 燎~原燎火~眉毛疗辽聊寥撩僚镣 3 了~解了明~ 4 尿廖姓料廖人名左傳有辛伯廖，又力救切

tɕ 1 焦蕉椒骄娇浇交胶郊 3 狡

铰搅剿醮矫缴侥绞饺　4 教较校~对娇叫教觉

tɕ^h 1 锹悄 2 樵瞧荞侨桥乔 3 巧 4 俏翘偢窍

ɕ 1 消宵霄硝销逍肖嚣萧箫梢 2 淆 3 小晓 4 酵哮孝校学~校上~效笑

ø 1 妖邀要~求腰夭幺吆 2 肴摇谣姚窑遥尧 3 舀杳 4 要重~耀鹞

ie

p 5 笔憋瘪滗毕必弼鼻别~针鳖别分~壁碧璧

p^h 5 撇瞥匹癖劈霹僻辟

m 4 秘泌 5 密蜜灭觅篾竹~蔑污~

t 5 叠碟牒蝶谍跌迭的滴嫡笛敌籴涤狄

t^h 5 帖贴铁剔踢

n 5 劣业立笠粒捏栗聂镊蹑猎列烈裂孽历~史历~书匿力逆溺

tɕ 1 阶 3 解讲~解知道蟹 4 介界芥届戒械髻 5 缉集辑藉急级给及吸竭节疖结鐅洁疾吉接杰揭绩寂激击即鲫棘极戟脊迹积籍

tɕ^h 4 妾怯 5 切窃截七漆膝乞讫捷劫戚泣

ɕ 2 偕谐懈解姓 5 血穴胁协习袭歇蝎屑楔悉蟋恤泄惜夕席析锡息熄媳隙昔

ø 1 耶 3 也 5 叶页揖邑拽噎乙一壹逸抑益亦译役疫

iɛi

tɕ 1 皆 4 疥

iəu

m 4 谬

t 1 丢

n 1 溜你 2 牛流留刘榴琉硫馏 3 纽扭柳

tɕ 1 鸠阄纠~缠灸纠~正揪 3 九久韭酒 4 就救究臼舅咎旧柩

tɕ^h 1 鳅丘秋~天秋~千 2 求球

ɕ 1 修羞休 2 泅囚 3 朽 4 秀绣锈宿星~袖嗅~觉嗅闻

ø 1 优忧悠幽 2 尤邮由油游犹 3 有友酉 4 又右佑莠诱柚釉幼

in

p 1 彬宾槟滨冰兵 3 禀丙秉柄饼 4 殡鬓并~且进病并合~

p^h 1 拼姘 2 贫频苹瓶屏萍凭平评坪 3 品 4 聘

m 2 民悯铭明鸣名 3 闽敏抿皿

4 命

t 1 丁钉~子疔叮 3 顶鼎 4 钉~钉子订锭定

t^{h} 1 厅 2 亭停庭廷蜓 3 挺艇 4 听~话听~任

n 1 拎 2 林淋临凛鳞磷邻宁安~灵零铃翎龄凌陵菱 3 檩领岭 4 赁吝佞另凝令宁~可

tɕ 1 今金妗津斤襟筋巾经念~经~线茎京荆惊鲸精晶睛 3 锦谨紧仅颈境景警井 4 禁~不住 禁~止尽~前头(最前面)进晋尽~量劲有~近劲~敌径敬竟镜竞静靖净

tɕ^{h} 1 钦亲~生轻青蜻卿清 2 侵琴禽擒秦勤芹擎情晴 3 寝请 4 浸亲~家瀙庆揿

ɕ 1 心芯辛薪新欣星腥猩馨兴~旺 2 形刑型行~为行品~ 3 醒 4 信兴~趣幸性姓杏

ø 1 音阴~天阴屋子里很~窨因姻洇殷鹰蝇莺樱~花英婴璎 2 吟淫银寅迎盈赢 3 饮~酒引隐瘾影 4 饮~秧子印应~该应答~映

iʉ

tɕ 5 绝厥橛蕨噘决诀倔掘挖~菊鞠掬

tɕ^{h} 5 瘸掘~地缺屈雀鹊却确瞅麴曲局

ɕ 5 雪戌削学薛蓄畜~牧

io

ø 5 悦阅月哕曰越粤略掠虐疟约药钥跃乐音~岳五~岳姓域育狱浴欲~速则不达欲~望

ioŋ

tɕ^{h} 2 穷

ɕ 1 勋兄胸凶~恶凶吉~ 2 熊雄

ø 1 雍痈臃壅庸 2 融容溶蓉熔 3 永拥勇涌踊 4 用

o

p 3 跛

k 4 个

x 1 豁 2 和~平禾和~面

ø 1 阿 5 握沃屋勿物

oŋ

p 1 绷衣服紧~

p^{h} 1 烹 2 朋棚篷蓬 3 捧 4 碰

m 2 谋萌盟蒙 3 某亩猛蜢懵蠓 4 茂贸孟

f 1 风疯枫丰封蜂峰锋 2 冯逢

缝～衣服 3 否讽 4 凤奉缝一条～俸

t 1 东冬 3 董懂大 4 冻栋动洞

t^h 1 通 2 同铜桐筒童瞳 3 捅桶统 4 痛

n 1 聋 2 笼砻咙农脓侬隆窿浓龙陇 3 拢垄 4 弄

ts 1 鬃棕宗综中忠衷终踪钟敲～钟千～粟盅舂 3 总冢种～类肿种～田 4 皱粽中仲众纵～横纵放～重～量

ts^h 1 葱聪怱囱充冲 2 丛虫崇从～容从跟～重～复 3 宠 4 铳

s 1 松轻～嵩松～树 3 怂 4 送宋诵颂讼

z 2 绒戎茸 3 冗

k 1 公工功攻蚣弓躬宫恭龚 3 汞拱巩 4 贡供～给供上～共

k^h 1 空天～3 孔恐 4 空有～控

x 1 轰烘 2 宏弘虹彩～紅洪鸿 3 哄～骗 4 哄起～

ø 1 翁 4 瓮

ɿ

ts 1 资姿咨脂兹滋淄之芝知蜘支枝肢栀只一～3 姊指嵴旨子梓滓止址趾紫纸只～有 4 滞制～度制～造自致导～雉致细～稚至字牸置峙痔治志～气痣志地方～蛰智翅

ts^h 1 痴差参～ 2 瓷糍迟慈磁辞祠词持雌疵池驰 3 耻齿此侈舐 4 次伺刺赐

s 1 私师狮蛳尸～陈尸死～思～想丝司思意～诗斯厮撕施～肥施布～ 2 世匙钥～时 3 死屎矢史使驶始豕 4 势誓逝四肆示视嗜似巳祀寺恃饲嗣后～士仕柿事试市侍是氏豉式饰

u

p 3 簸～一～簸～箕补捕 4 播布～料布公～怖部簿步

p^h 1 波菠颇坡玻铺～开 2 婆蒲菩脯葡 3 谱普浦剖 4 破铺店～

m 2 魔磨摩蟆模～型模～范摹 3 牡母拇 4 磨暮慕墓募

f 1 呼乎敷俘孵麸夫肤跗 2 胡姓湖糊狐壶葫蝴胡～须符扶芙浮 3 虎浒抚殕釜腐府腑俯斧甫脯明～(晒干的乌贼)脯辅 4 戽户沪互护瓠傅咐父附付赋富副负妇赴讣

t 1 都～市都～是多 3 朵躲堵赌肚猪～ 4 舵剁惰堕妒杜肚～子度～量度忖～渡镀踱

t^h 1 拖 2 驼驮途屠徒涂图 3 妥椭土吐～痰吐呕～4 唾兔

n 1 啰 2 挪锣罗萝箩糯骡螺脶

奴卢炉芦鸬庐 3 裸瘰努鲁橹虏卤 4 摞怒路赂露鹭虑

ŋ 3 我

ts 1 租猪诸诛蛛株朱硃珠 3 左佐祖组阻煮拄主 4 坐座做著苎箸助驻柱住注蛀铸

ts^h 1 粗初搓 2 除储锄厨橱雏 3 褚楚础处~理杵 4 锉矬醋错做~措处~所

s 1 娑蓑梭唆苏酥梳疏亲~蔬疏注~书舒枢输~赢输运~殊 3 锁琐所鼠暑黍署薯数动词 4 术素诉塑嗉庶恕墅数~目戍竖树漱述朔

z 2 如孺 3 汝儒乳

v 1 乌污坞 2 吴蜈吾梧无 3 五伍午武舞侮 4 误悟务雾

k 1 歌哥锅戈蜗姑孤辜 3 果裹馃古估牯股鼓贾商~ 4 过姓过~去故固雇顾

k^h 1 科窠箍枯 3 可棵颗苦 4 课库裤

x 2 荷~话河荷薄~何贺 3 火伙~计伙~食 4 荷挑担货祸

ø 1 倭窝莴巫诬 2 蛾鹅俄 3 鹉 4 饿卧涴戊

ʉ

p 5 薄~荷钵拨脖勃博薄厚~不否定剥驳

p^h 5 泼朴卜扑醭仆前~后继瀑仆~人

m 5 末沫抹~杀没莫膜幕寞摸木沐

f 5 复~兴弗佛佛缚斛幅福蝠腹複辐覆伏服袱复恢~

t 5 夺独读牍犊督笃毒铎

t^h 5 脱突凸托讬拓秃

n 5 捋律诺落烙酪洛骆乐~观络鹿禄六陆录绿

ts 5 拙凿昨卒作着~衣裳着~地酌卓桌浊捉镯竹筑逐轴粥祝足烛触

ts^h 5 撮朮出猝错~杂绰戳族畜~牲促

s 5 续连~说率~领率效~蟀索硕勺芍速宿肃缩叔淑熟粟俗续继~嘱赎束蜀属

z 5 入若弱箬辱褥肉

v 5 杌

k 5 骨谷山~谷稻~

k^h 5 哭酷窟

x 5 喝活忽

ua

ts 5 啄琢

s 5 刷

k 5 刮

x 5 滑猾

ø 5 袜

uai

ts^h 1 揣$_{\text{～在怀里}}$ 3 揣$_{\text{～摩}}$喘

s 1 衰摔 4 帅

k 1 乖 3 枴 4 怪

k^h 3 块蒯 4 会刽桧快筷

x 2 怀槐淮 4 坏

ø 1 歪 4 外

uan

t 1 端 3 短 4 断$_{\text{判～}}$锻断$_{\text{～绝}}$段缎

t^h 2 团$_{\text{～结}}$团$_{\text{糯米～子}}$

n 2 鸾 3 暖卵 4 乱

ts 1 专砖钻$_{\text{～洞}}$ 3 转$_{\text{～送}}$纂 4 赚撰转$_{\text{～圆圈}}$篆传$_{\text{～记}}$钻$_{\text{～子}}$

ts^h 1 川穿氽 2 传$_{\text{～达}}$椽船 3 铲 4 篡串蹿窜

s 1 拴酸删 4 闩涮算蒜疝

z 3 软阮

k 1 鳏关官棺观$_{\text{参～}}$冠$_{\text{衣～}}$ 3 管馆 4 罐观$_{\text{道～}}$冠$_{\text{～军}}$惯掼贯灌

k^h 1 宽 3 款

x 1 欢 2 桓还$_{\text{～原}}$环 3 缓 4 唤焕换幻患宦

ø 1 豌剜弯湾 2 玩完丸纨顽 3 皖碗腕晚挽宛 4 万

uaŋ

ts 1 庄装妆桩 4 壮状撞

ts^h 2 床 3 闯 4 创$_{\text{～造}}$

s 1 霜双

k 1 光 3 广

k^h 1 框匡眶筐 2 狂 4 矿旷况

x 1 荒慌 2 黄簧皇蝗蟥凰 3 谎晃

ø 1 汪 2 亡王$_{\text{姓}}$ 3 网枉往 4 望妄忘旺

ue

k 5 郭国聒

k^h 5 括阔扩廓

uei

t 1 堆 4 对碓队兑

t^h 1 推 2 颓 3 腿 4 退蜕褪

n 3 馁儡累$_{\text{积～}}$垒 4 累$_{\text{连～}}$类泪

ts 1 追锥 3 嘴 4 罪最缀赘醉坠

ts^h 1 催崔摧吹炊 2 垂锤槌 4 碎脆翠悴粹

s 2 髓随谁 3 水 4 岁税睡隧瑞絮遂

z 3 蕊 4 芮锐瑞

k 1 瑰圭闺规龟归 3 诡轨鬼 4

鳜桂跪柜贵

k^h 1 盔亏窥 2 魁傀奎癸逵葵 4 溃愧

x 1 恢诙灰麾挥辉徽 2 回迴茴徊 3 悔晦毁 4 贿汇~报会开~会~不~绘秽惠慧穗讳卉汇~总

ø 1 煨薇威 2 桅危为行~帷维惟唯微巍围违 3 伪萎委尾伟苇纬 4 卫喂为~人民服务位未味魏畏胃谓猬慰

uən

t 1 盹蹲

ts 3 准

ts^h 1 椿春 3 蠢

s 2 唇吮纯莼绳 4 顺舜

z 4 闰润孕

k 3 滚 4 棍

k^h 1 昆坤 3 捆 4 困睏

x 1 荤昏婚浑 2 魂馄横~直横蛮~ 4 混

ø 1 温瘟 2 文纹蚊闻 3 稳吻刎 4 问

yE

tɕ 1 绢捐 3 卷~起来 4 卷考~眷倦券

$tɕ^h$ 1 圈圆~ 2 全泉权拳 3 犬 4 劝

ɕ 1 宣喧楦掀轩鲜新~鲜朝~ 2 旋~转玄悬弦 3 选癣 4 旋~吃~做眩

ø 1 冤渊 2 圆员缘沿铅元原源袁辕园援猿 3 远 4 院愿怨

y

n 2 驴 3 女吕旅履 4 虑滤

tɕ 1 居拘驹跔车~馬炮 3 举矩 4 据锯佢拒距聚俱句具惧苣剧~烈剧戏~

$tɕ^h$ 1 蛆趋区地~驱躯 2 瞿衢 3 取娶 4 去渠趣

ɕ 1 靴墟须必~须胡~需吁虽绥虚嘘 2 徐序叙绪絮遂 3 许

ø 1 迂 2 鱼渔于在~余姓余多~愚虞娱于~是,姓盂禹榆逾愉俞 3 屿语与予雨宇羽 4 御~用御驾~誉预豫遇寓芋愈喻裕郁玉

yn

tɕ 1 钧均君军 3 迥 4 俊浚菌郡

$tɕ^h$ 1 倾顷 2 群裙琼

ɕ 1 熏~陶薰熏烟~ 2 寻询旬荀循巡 4 蕈讯衅迅驯殉训逊

ø 2 匀云诗~云白~耘荣营茔萤荥 3 允尹颖 4 熨韵运晕泳

四川马尔康汉话音系

陈柳蓓①

摘　要　文章描写马尔康汉语方言（下称马尔康汉话）的声韵调系统，归纳其演变特点。马尔康汉话语音特征与西南官话成渝片成都话最为接近。

关键词　马尔康　汉语方言　音系特点

一、概况

（一）地理位置及人口构成

马尔康市位于四川省西北部，阿坝藏族羌族自治州中部。西起东经 101°17′，东至东经 104°41′，直线距离 134 公里；南起北纬 30°35′，北至北纬 32°24′，直线距离 90 公里。马尔康东部与

① 作者简介：陈柳蓓，女，雅安人。四川师范大学文学院语言学及应用语言学专业 2016 级研究生。

红原县、理县交界，南部与金川县、小金县接壤，北部与红原县、阿坝县相连，西部连接壤塘县。总面积 6632.72 平方公里。

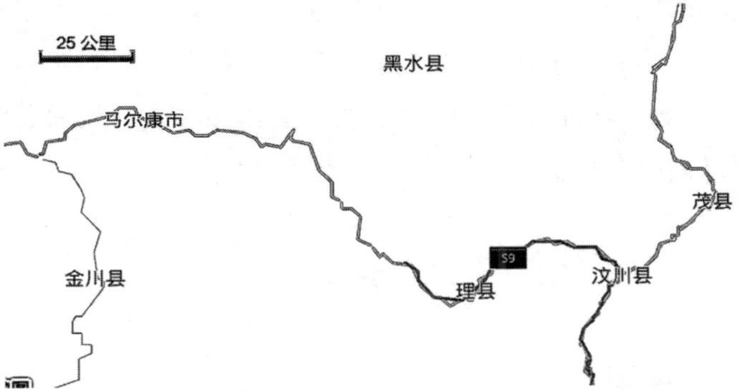

图 1　马尔康市地理位置图

马尔康为民族杂居地。世居民族为嘉绒藏族。乾隆时期，汉族开始迁入马尔康，后又有少量回族、羌族等少数民族迁入。截至 2016 年，马尔康市总人口 5.5 万。其中绝大多数是嘉绒藏族，其次是汉族，其他少数民族还有羌族、回族、蒙古族、满族等。过去当地人主要说嘉绒藏语。在各民族长期交流接触过程中，本地区语言逐渐复杂化，除了嘉绒藏语，还有移民带入且受到当地民族语言影响的西南官话，被称为“团结话”。

（二）调查情况

调查时间：2018 年 5 月 4 日至 11 日，6 月 2 日至 7 日。调查地点：马尔康市马尔康镇。调查人：陈柳蓓（四川师范大学 2016 级硕士研究生）。发音人基本情况：刘国富，男，汉族人，1957 年出生，马尔康市龙尔甲乡蒙岩村人，高中文化程度，只会说汉语方言，退休干部。

本次田野调查使用 Mbox Mini 声卡，德国拜耳动力 TG H55C

录音话筒及由上海师范大学研发的 Field Phon 斐风软件。调查字表以中国社会科学院语言研究所编写的《方言调查字表》（修订本）[8]为蓝本，通过对生僻字、重复字（音韵地位不同不删）进行删除，最终调查字数为 3742 字。笔者根据调查材料听音、记音，使用 Praat 软件进行声调测值及相关作图工作，最后总结出马尔康汉话语音系统。

二、音系

（一）声母

如表 1 所示，马尔康汉话声母共有声母 24 个，其中辅音声母 23 个，零声母 1 个，以下列出马尔康汉话声母表：

表 1　马尔康汉话声母表

p 疤部白	p^{h} 派葡	m 迷明木	f 飞妇湖	v 乌武误物
t 到大读	t^{h} 拖台	n 努萝梨		
ts 左灾坐自	ts^{h} 仓聪财慈		s 素四扫萨	
tʂ猪扎士主直	$tʂ^{h}$ 闯迟炒柴车		ʂ沙世剩社	ʐ 日酿
tɕ 煎就久拒	$tɕ^{h}$ 妻墙羌勤	ȵ 女疑	ɕ 西许闲邪	
k 哥共	k^{h} 哭葵	ŋ 我矮	x 伙韩活	
Ø 闻耳原衣运易				

1. 声母说明

（1）f 唇齿、清、擦音。与 u 相拼时摩擦较重。如：佛、父。

（2）v 唇齿、浊、擦音。声母 v 只与单韵母 u 相拼，例如

“巫”“五”“乌”“屋”，均为古微母、影母、疑母字，不构成音位对立，但听感上与零声母音节有明显差异，记为 v。

（3）n 舌尖中、浊、鼻音。鼻音 n 和边音 l 是一对自由变体，不构成音位对立，读为 n 者稍多，记为 n。如：南、路。

（4）tʂ、tʂʰ清塞擦音。发音时，舌尖上翘，接近硬腭前部，卷舌较为明显。

（5）ʂ 清擦音。舌尖接近硬腭前部，卷舌动作明显。

（6）ʐ 浊擦音。舌尖接近硬腭前部，卷舌动作明显。

（7）ɕ 清、擦音。与 i 相拼时，摩擦较大，如：婿、肖。

（8）ȵ 浊、鼻音。只与细音相拼。如：女、牛。

（9）k、kʰ清塞音。发音位置略靠后。

（10）x 舌面后、清、擦音。发音部位略后。

（11）ŋ 舌面后、浊、鼻音。软腭成阻后立即除阻，鼻音气流弱。如：矮、恩。

（12）Ø 零声母。元音 i/u/y 做韵头时，开头往往有短暂的肌肉紧张阶段，有时会产生轻微摩擦，音值上更接近 j/w/ɥ。如：因、味。

2. 声母规律

马尔康汉话声母的演变特点如下：

（1）全浊声母清化。全浊声母“並”“奉”“定”“从”“邪”“澄”“崇”“船”“禅”“群”“匣”变为同部位的清声母。按照“平声送气，仄声不送气”的演变规律，马尔康的全浊声母全部清化。

（2）泥（娘）来母分混。马尔康的古泥母字在洪音前读 n，在细音前读 ȵ，古来母字在洪音和细音前都读 n，呈现“洪混细分”的特点。如：奴 nu2、年 ȵiɛ^{n}2、旅 ny3、泥 ȵi2。

（3）马尔康不分尖团。今马尔康汉话精组细音、见组细音均读 tɕ－组，尖团音已经合流，完全不能分辨。

（4）分平翘舌。今马尔康汉话，古知庄章组字读 ts/ts^{h}/s 或 tʂ/tʂ^{h}/ ʂ，精组也有少部分字也读翘舌。

（5）晓匣与非敷奉在一定条件下相混。今马尔康汉话晓匣母在洪音前一般读 x，但在遇摄合口一等模韵前均读 f，混进了非组。

（6）见系开口二等一部分白读仍读开口呼。如：项 xaŋ4$_{白}$、巷 xaŋ4$_{白}$。

（二）韵母

如表 2 所示，马尔康汉话韵母共 36 个，其中单韵母 8 个，复韵母 15 个，鼻音尾韵母 13 个，以下列出马尔康汉话韵母表（下双线为文读，下单线为白读）。

表 2　马尔康汉话韵母表

ɿ 斯秩	i 李齐习毕笛逆	u 猪拇突谷	yi 虚雨鞠隧
ʅ 只十实识尺			
ɚ 儿而二			
a 大怕拉罚	ia 加涯掐瞎	ua 耍画滑挖	
e 舍摄舌德客特	ie 斜接切特逆	ue 括郭国获	ye 瘸绝缺削
o 多鸽活作	io 略确屈育		
ai 呆拜来鞋		uai 摔坏帅乖	
ei 煤悲妹费		uei 对桂吹尾隧	
au 考召桥少	iau 交表跳鸟		

əu 斗州头肉　　iəu 留酒球幽

æ^{n}惨站摊板　　iɛ^{n}鉴店奸健　　uæ^{n}段惯川传　　yɛ^{n}拳远玄犬

ən 深本凳生存　　in 金苹凭领　　uən 棍春荤问　　yn 迅军群营

aŋ 帮放胖烫　　iaŋ 央亮江箱　　uaŋ 广装忘双

oŋ 猛孔统封茂　　ioŋ 永熊拥容

图2　马尔康汉话元音声学舌位图

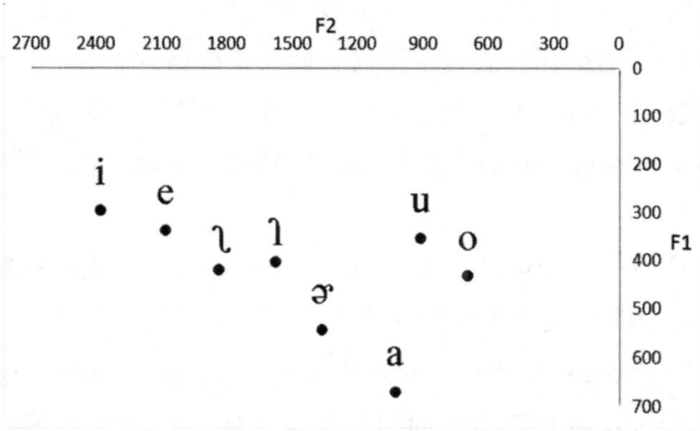

1. 韵母说明：

（1）ɿ 舌尖前、不圆唇元音。只与舌尖前声母 ts/ts^h/s 相拼。

（2）ʅ 舌尖后、不圆唇元音。只与舌尖前声母 tʂ/tʂ^h/ ʂ /ʐ 相拼。

（3）i 舌面前、高、不圆唇元音。发音时展唇略紧，舌面贴紧上腭，舌位略靠后，口腔通道变窄，气流在内形成摩擦，摩擦音重。

（4）u 舌面后、高、圆唇元音。当它与唇齿摩擦声母 f 相拼时，会自由变体为 v，摩擦音较重，如：夫、府。与其他声母相拼时是标准元音 u。

（5）yi 是 y 和 i 的组合，发音时由 y 快速过渡到 i。开始发音时唇形搓拢，收音时嘴唇展开。

（6）a/ia/ua 舌面前、低、不圆唇元音，实际发音时舌位略靠后，主元音音值接近央元音 ᴀ。

（7）o 舌面后、半高、圆唇元音。发音时，舌位略靠后，圆唇较明显。

（8）ai 主元音音值为舌面前、低、不圆唇元音 a。部分字主元音接近 ɛ，如："奶""逮""乃""来""宰""载"。

（9）əu/iəu 发音时，韵尾 u 唇形略展，实际音值接近 əɯ 和 iəɯ。

（10）$æ^{n}$/$uæ^{n}$/$iɛ^{n}$/$yɛ^{n}$ 韵尾 n 发音时，舌尖只作势略上举，鼻音色彩很淡，处于弱化过程中。

（11）ən/uən/in/yn 主元音为央元音 ə，鼻音韵尾 n 稳固。

（12）ioŋ 主元音为舌面后、半高、圆唇元音，鼻音尾完整稳定。部分在普通话中读 oŋ 的字，在马尔康汉话中读 ioŋ 。如：容、溶、蓉。

2. 韵母规律

下面将从阴声韵、阳声韵和入声韵三个方面来对马尔康汉话韵母的特征做以下总结：

（1）阴声韵

① 果摄

果摄开口一等（端见系）、合口一等（帮组、端见系）今多读 o，端系中个别字读"a"，如"大"，与中古音韵母相同。开口三等群戈平今读 ie，合口三等见系今多读 ye，合口三等见系字在所用字表中只出现了三个。

② 假摄

假摄开口二等帮端知系今多读 a，开口二等见系今多读 ia，二等字的主元音与《广韵》相同，仍然是 a。开口三等精组见系今多读 ie，开口三等知系今多读 e。合口二等见系今多读 ua，中古音的 ɣ 介音丢失。

③ 遇摄

遇摄合口一等帮端见系、合口三等非组和知系今多读 u，合口一等的例外字韵母读 o，如“错”“墓”，是由于音变的滞后。合口三等端见系今多读 y。

④ 蟹摄

蟹摄开口一等帮组泰韵、合口一等帮组灰贿对韵、合口三等非组废韵今主要读 ei。开口一等端见系、二等帮端知系今大多读 ai。开口二等见系今多读 ie。开口三等和四等的帮端见系今多读 i，但有例外字“批”读 ei，与成都话相同，保留中古读音。开口三等知系今主要读 ʅ。合口一等见系、三四等端知见系今多读 uei。合口二等见系皆怪佳蟹夬韵今主要读 uai，见系卦韵和夬韵今主要读 ua。

⑤ 止摄

止摄开口三等帮端组、合口三等非组（除微母）今多读 ei。开口三等见系今多读 i。开口三等精组字今读 ɿ，开口三等知庄章组字今主要读 ʅ，只有“滓”“置”二字读舌尖前音 ɿ，可见，止摄开口唇音字的演变中，知庄章组字在马尔康汉话中基本相混。开口三等日组全部读 ɚ。合口三等微母、端系今多读 uei。合口三等庄组今读 uai。

⑥ 效摄

效摄开口一等帮端见系、二等帮端知系、三等知系今多读au。开口二等见系、三等帮端见系、四等端见系今多读iau。

⑦ 流摄

流摄开口一等帮组、三等非组今多读u，部分字变读成oŋ，如：谋、贸、茂、亩。与成都话读音相同。开口一等端见系、开口三等知系今读əu。开口三等泥组精组见系今主要读iəu。

从上面的演变情况可以看出阴声韵的主要特点是：

Ⅰ. 果摄开口一等中的一些字与假摄开口中的一些字读音相同，如：大挪与麻拿都读a。

Ⅱ. 遇摄模韵字部分读入果摄，如："墓错措"读o。

Ⅲ. 有"支微入鱼"现象。马尔康汉话中止摄合口精组字读同遇摄的鱼虞韵精组字，但数量很少，只有"隧砌"两字。

Ⅳ. 止蟹两摄合口呼合流。中古止蟹两摄合口逢泥来母时仍读作合口呼，马尔康汉话也有这种情况。如："类内"。

（2）阳声韵和入声韵

① 咸山摄

咸摄舒声开口一等端见系、二等知庄组、三等知章日组，合口三等非组今主要读$æ^{n}$。开口二等见系、三等端见系、四等端见系今读$iɛ^{n}$。

山摄舒声开口一等端见系、帮知系、三等知系，合口一等帮组、三等非组今读为$æ^{n}$。开口二等见系、三等帮端见系、四等帮端见系今读$iɛ^{n}$。合口一等端见系、二等庄组见系，三等知章日组今读$uæ^{n}$。合口三等精组见系，四等见系今读$yɛ^{n}$。

咸山两摄合流，这是汉语各大方言区的主流。马尔康汉话也不例外，咸山两摄大部分字的韵母都相同。

② 深臻曾梗摄

深摄舒声开口三等帮端见系今读 in。开口三等知系今读 ən。

臻摄舒声开口一等端见系、三等知系，合口一等帮组、三等非组今读 ən。开口三等帮端见系今读 in。合口一等端见系、三等泥章组微母今读 uən。合口三等精组见系今多读 yn。

曾摄舒声开口一等帮系今读 oŋ。开口一等端见系、三等知系今读 ən。开口三等帮见系今读 in。合口一等见系今读 oŋ。

梗摄舒声开口二等帮系、舒声合口二等见系今读 oŋ。开口二等端知见系、三等知系，合口二等见系今读 ən。开口三等帮端见系、四等帮端见系今读 in。合口二等见系今读 oŋ。合口三等见系庚母主要读 ioŋ，清母主要读 yn。

深臻曾梗四摄合流。马尔康汉话深臻曾梗四摄舒声主要读作 ən/in/uən/yn。曾梗摄唇音读入通摄 - oŋ，如：朋、曾、碰、梗、蒙、通。梗摄合口三等见系部分字主元音变成 y，读作 - yn。如："营""倾"。

③ 宕江摄

宕摄舒声开口一等帮端见系、三等知章组、合口三等非组今读 aŋ。开口三等端见系今读 iaŋ。开口三等庄组、合口一等见系、合口三等微母见系今读 uaŋ。

江摄舒声开口二等帮系今读 aŋ。开口二等知系今读 uaŋ。开口二等见系今多读 iaŋ。

宕江摄合流。马尔康汉话宕江摄舒声今读 aŋ/iaŋ/uaŋ。

④ 通摄舒声合口

一等帮端见系、三等帮端系和见组今读 oŋ。合口三等晓影组今读 ioŋ。马尔康汉话通摄韵母与中古音相比变化不大。

⑤ 咸入和山入

咸摄入声开口一等端系、二等庄组、合口三等非组今主要读 a。开口一等见系今读 o，开口三等章组今读 e，开口二等见系今读 ia，开口三等端见系、四等端系今多读 ie。

山摄入声开口一等端系，开口二等帮组庄组，合口三等非组今读 a。开口一等见系，合口一等帮组、端见系，合口三等章组今读 o。开口二等影晓组今读 ia。

开口三四等帮组端系今读 ie。开口三等知系今读 e。合口二等庄见晓组今读 ua。

合口三等精组、见系，四等见系今读 ye。

咸山两摄入声合流。一二等字大多读 a/o，三四等字大多读 e/ie。

⑥ 深臻曾梗摄与宕江摄入声

深摄入声开口三等端见系今多读 i。开口三等知系今主要读 ʅ。

臻摄入声开口三等帮端见系今读 i。开口三等知系今读 ʅ。合口一等帮组今读 o。合口一等端见系、三等非组和知系今读 u。合口三等端见系今读 y。

曾摄入声开口一等帮端见系、三等庄组今读 e。开口三等帮端见系今读 i。

开口三等知章组今读 ʅ。合口三等影母今读 ue/ye。

梗摄入声开口二等帮知见系今读 e。开口三等帮端见系、四等帮端系今读 i。

开口三四等知系今读 ʅ。合口二等晓组麦韵今读 o。合口三等影组今读 io。

深臻曾梗入声基本合流。深臻曾摄开口三等和梗摄开口三四等读作 i/ʅ，与阴声韵止摄开口字基本相同。曾摄开口三等个别字混入臻摄合口三等字，如：顺、船、孕、以。

宕江摄入声开口一等帮组端见系、三等知系、合口一等见系今多读 o。开口三等端见系今读 io。

⑦ 通摄入声

通摄入声合口一等帮端见系、三等帮端知系今读 u。合口三等见系今读 y。

通摄入声大部分字与阴声韵遇摄读音相同，读作 u/y。个别字“曲”“育”“狱”，北京话读撮口呼，马尔康今读 io，与成都话读音相同。

通过上面阳声韵和入声韵的比较，我们发现马尔康汉话阳声韵的 m 尾混入 n 尾，保留 n 尾和 ŋ 尾。入声韵尾脱落，全部归入阴声韵。

（3）声调

马尔康汉话有四个声调，分别是阴平、阳平、上声、去声。以下选取各声调代表字，用 praat 软件测出其基频值及相关数据，并绘制出声调绝对时长曲线图，测出各声调具体调值：阴平［1］，阳平［2］，上声［3］，去声［4］，列出马尔康汉话声调表。

表 3　马尔康汉话声调表

阴平	1	34	波他师瓜依
阳平	2	31	填年国夺立
上声	3	51	把典广卤马
去声	4	213	个大骂父杜

图 3　马尔康汉话绝对时长声调曲线图

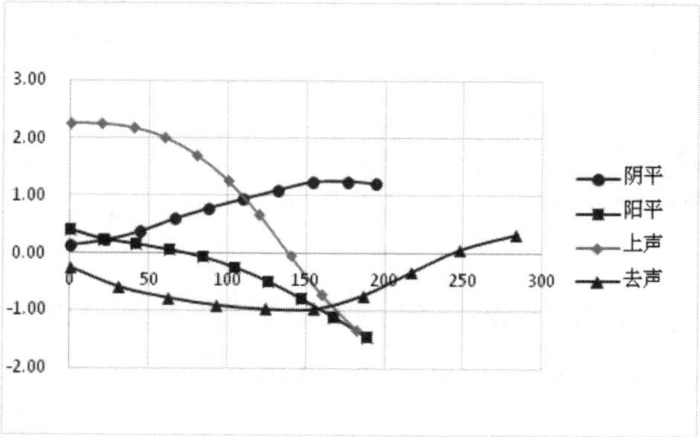

声调说明：

（1）阴平是微升调，记作 34。

（2）阳平是中降调，记作 31。

（3）上声是高降调，记作 51。

（4）去声是曲折调，动程完整，记作 213。

三、余论

本次对马尔康市汉话的调查研究显示，马尔康汉话与西南官话成渝片成都话最为接近。具体的语音特征是：声调方面，马尔康汉话有阴阳上去四个声调，入声归阳平。声母上，马尔康汉话具有全浊声母清化、泥（娘）来母洪混细分、尖团音合流等特点；马尔康汉话分平翘舌，翘舌主要来自古知庄章组字，精组也有少部分字读翘舌。

甄尚灵[6]根据《西蜀方言》整理出代表19世纪后期成都语音的音系。她指出《西蜀方言》中有对立的ts组和tʂ组，其分类跟今天有ts组和tʂ组对立的西南官话是一致的，舌尖后音混同于舌尖前音是后来的发展变化。肖娅曼指出："老成都话分ts/tʂ的类型属'南京型'，读ts/tʂ二组音字的方法与《西蜀方言》一致。"[5]而现代成都话没有翘舌音。为更清晰呈现马尔康方言平翘舌特征，现将马尔康汉话中的平翘舌与老成都话①、成都话②及保留翘舌音的仁富片代表方言自贡话③列表如下：

表4 知二照二(庄组)内转(前5字)和外转(后4字)今声母读音

代表字	择	争	初	崇	生	桌	插	柴	山
中古音	澄陌入	庄耕平	初鱼平	崇东平	生庚平	知觉入	初咸入	崇佳平	生山平
马尔康	ts^{h}e^{2}	tsən^{1}	ts^{h}u^{1}	ʦ^{h}oŋ^{2}	sən^{1}	tʂo^{2}	tʂ^{h}a^{2}	tʂ^{h}ai^{2}	ʂæ^{n1}
自贡	ts^{h}e^{4}	tsen^{1}	ts^{h}u^{1}	ts^{h}oŋ^{2}	sen^{1}	tʂo^{4}	tʂ^{h}a^{4}	tʂ^{h}ai^{2}	ʂan^{1}
成都	ts^{h}e^{2}	tsən^{1}	ts^{h}u^{1}	ts^{h}oŋ^{2}	sən^{1}	tso^{1}	ts^{h}a^{2}	ts^{h}ai^{2}	san^{1}
老成都	ts^{h}e^{2}	tsən^{1}	ts^{h}u^{1}	ts^{h}oŋ^{2}	sən^{1}	tʂo^{1}	tʂ^{h}a^{1}	tʂ^{h}ai2	ʂan^{1}

① 老成都话材料参考肖娅曼．关于成都话舌尖后音声母的调查［J］．四川大学学报（哲学社会科学版），1999（6）：102－105.

② 成都话材料来自何婉，饶冬梅．四川成都话音系词汇调查研究［M］．成都四川大学出版社，2014.

③ 自贡话材料来自刘燕．四川自贡等八县市方言音系调查研究［D］，四川师范大学硕士学位论文2011.

表 5　知三照三(章组)开口读音

代表字	征	枝	潮	招	正	尺	身	时
中古音	知蒸平	章支平	澄宵平	章宵平	章清去	昌昔入	书真平	禅之平
马尔康	tʂən^{1}	tʂʅ^{1}	tʂʰau^{2}	tʂau^{1}	tʂən^{4}	tʂʰʅ^{2}	ʂən^{1}	ʂʅ^{2}
自贡	tʂen^{1}	tʂʅ^{1}	tʂʰau^{2}	tʂau^{1}	tʂen^{4}	tʂʰʅ^{2}	ʂen^{1}	ʂʅ^{2}
成都	tsen^{1}	tsɿ^{1}	tsʰau^{2}	tsau^{1}	tsen^{4}	tsʰɿ^{2}	sen^{1}	sɿ^{2}
老成都	——	tʂʰʅ^{1}	tʂʰau^{2}	tʂau^{1}	tʂən^{4}	tʂʰʅ^{2}	ʂən^{1}	ʂʅ^{2}

从表 4、表 5 可以看出，马尔康汉话平翘舌归并规律与自贡话、老成都话大致相同，与成都话不同。

从本次调查的情况来看，受强势方言的影响，马尔康汉话的翘舌音正在逐渐向平舌音转变。

通过县志及与当地人的交流得知，从清乾隆时期起，就陆陆续续有汉人迁入马尔康，一直到 20 世纪 50 年代初期，森(林)工(人)的大量迁入，使汉族人达到总人口的一半。马尔康的汉人主要是从安岳、乐至、彭县、都江堰、南充、遂宁、崇州、内江、中江、广元等地迁入，这其中大部分属于成渝片。因此，马尔康汉话中有不少成都话的特点，这些特点势必是迁入汉族人带入。马尔康地理位置偏僻，因此其方言演变滞后，保留了早期移民方言特征。

参考文献：

［1］丁声树，李荣. 汉语音韵讲义［J］. 方言，1981（4）.

［2］何婉，饶冬梅. 四川成都话音系词汇调查研究［M］. 成都：四川大学出版社，2014.

［3］刘燕. 四川自贡等八县市方言音系调查研究［D］. 四川师范大学硕士学位论文，2011.

［4］四川省马尔康县地方志编纂委员会编纂. 马尔康县志［M］. 成都：四川人民出版社，1995.

［5］肖娅曼. 关于成都话舌尖后音声母的调查［J］. 四川大学学报（哲学社会科学版），1999（6）.

［6］甄尚灵.《西蜀方言》与成都语音［J］. 方言，1988（3）.

［7］朱晓农. 语音学［M］. 北京：商务印书馆，2010.

［8］中国社会科学院语言研究所. 方言调查字表［M］. 北京：商务印书馆，1981.

The Phonetic System of Ma'erkang Chinese Dialect

Chen Liubei

（College of Liberal Arts，Sichuan Normal University；Chengdu，Sichuan；610068）

Abstract：This paper describes the phonological system of Ma'erkang Chinese dialect and summarizes its evolutional characteristics. The phonetic features of Ma'erkang Chinese dialect are most similar to Chengdu dialect of Cheng－yu section of southwest mandarin.

Key words：Ma'erkang dialect；phonetic system

附：同音字表

本字表先按韵母排列，每韵下再按声母排列，音节内按阴平1（45）、阳平2（31）、上声3（52）、去声4（213）的顺序排列。

ʅ

ts 1 痴疵资姿咨滋 2 滞 3 子梓滓紫姊 4 刺自字置峙治氏

ts^h 2 雌赐池糍慈磁祠词持嗤 3 耻此 4 次瓷兹伺辞秩嗜

s 1 斯撕私思丝厮师狮蛳司思 3 死 4 四肆似寺饲嗣

ʅ

tʂ 1 知蜘肢栀脂淄芝支枝之只 2 致至执侄质直值职植殖织 3 纸只指旨止址趾齿 4 智翅雉稚辎志痣掷炙制

$tʂ^h$ 1 差 2 驰迟尺斥赤吃 3 侈

ʂ 1 施匙尸诗 2 示视湿十什拾实失室食蚀识适释 3 始眵屎矢史使驶 4 世势誓是豉巳祀士仕柿俟事试时市恃侍式饰

ʐ 2 日

i

p 1 蓖 2 弊毙备鼻篦笔滗毕必璧壁 3 彼俾鄙比秕庇 4 蔽敝闭箅陛鐾被婢被避痹鼐弼碧

p^h 1 屄 2 皮疲脾琵枇匹癖僻辟霹 3 譬痞 4 屁

m 2 迷糜弥靡秘泌篾密蜜觅谜 3 米

t 1 爹 2 滞蒂隶的嫡狄笛敌籴涤 涕 3 抵底 4 低帝弟第递地

t^h 1 堤涕梯 2 替屉题提蹄啼剔踢 4 剃

n 2 立粒笠黎丽离篱璃离梨厘狸栗力历砾 3 礼李里理鲤 4 厉励莉荔利痢吏

tɕ 1 稽羁饥肌箕姬机讥饥虮鸡奇几基屐 2 际系杞集辑急级及疾即鲫棘极脊迹积籍绩激击 3 挤己纪几戟 4 祭济剂计继髻寄技妓冀记忌既季缉汁稷

$tɕ^h$ 1 妻栖溪欺泣 2 齐脐荠企奇骑岐徛祁棋旗其期沂七漆戚脐 3 启起岂祈 4 器汽气弃

ɕ 1 嬉熙嘻希稀些西犀奚兮牺蟋 2 系徙饴习袭吸悉膝息熄媳隙昔惜夕席析锡 3 洗携玺禧喜蟢 4 系戏细婿

ȵ 2 泥倪宜尼呢腻 3 你拟 4 谊

Ø 1 倚医衣依揖椅 2 仪蚁姨夷怡贻毅遗一壹 3 以已 4 仪义议易伊懿意矣异邑乙逸忆亿翼益亦译颖艺刈诣缢臀

u

p 2 不 3 补 4 布怖部步埠卜

p^h 1 铺 2 浦菩脯葡朴扑仆瀑 3 谱普蒲捕脯赴 4 铺

m 2 木沐 3 母牡拇

f 1 跗俘孵麸 2 胡湖糊狐壶乎葫瓠蝴沪傅咐殕符芙浮弗佛斛幅福蝠腹複辐覆伏服袱 3 虎浒戽户府腑俯甫斧抚釜腐辅 4 互护付赋讣父附富副负妇复缚

t 1 都 2 独读牍犊督毒 3 堵赌笃 4 肚妒杜度渡镀度

t^h 2 途屠徒涂图突凸秃 3 土吐 4 兔

n 2 律鹿禄录绿奴卢炉芦鸬赂庐驴六陆 3 努鲁橹虏卤 4 怒路露鹭

ts 2 卒足 3 阻 4 助著

ts^h 1 粗初 2 锄促族 4 醋猝楚

s 1 苏酥梳枢输殊 2 述速肃 4 素诉塑嗉数戍漱朔粟

ʐ 2 如入辱褥 3 汝儒乳擩

tʂ 1 租猪诸诛蛛株朱硃珠 2 苎铸浊竹筑逐轴祝烛触 3 祖组煮主 4 箸驻註柱住注蛀

$tʂ^h$ 2 除储础厨橱雏出畜 3 处杵拄术

ʂ 1 书蔬疏 2 叔淑熟嘱赎束蜀属 3 鼠暑黍署薯数 4 庶恕墅竖树术

k 1 孤辜姑 2 骨谷 3 古估牯股鼓蛊贾 4 故固锢雇顾

k^h 1 箍枯 2 哭窟 3 苦酷 4 库裤

v 1 乌污坞巫诬鹉 2 蜈吾梧无物屋吴勿 3 悟舞武五午伍 4 雾务误戊

yi

n 2 率虑滤 3 捋吕稆旅履

tɕ 1 驹跔居车拘 2 局橘 3 举矩 4 据锯拒距苣聚俱句具惧剧菊鞠掬

$tɕ^h$ 1 蛆驱躯岖趋区 2 渠 3 取娶 4 趣砌去

ɕ 1 墟虚嘘须需戌 2 胥徐序续隧恤宿蓄畜俗续 3 许 4 絮绪叙

ȵ 3 女

ø 2 鱼渔于余予誉愚虞娱寓于移郁浴 3 屿语与雨宇禹羽 4 御淤预豫遇吁迂盂芋榆逾愉俞愈喻裕玉欲

ɚ

ø 2 儿而尔 3 耳饵 4 二贰

a

p 1 巴芭疤吧笆琶粑 2 爸坝八 3

把 4 坝罢把（刀～）

p^h 2 钯耙拔 3 爬 4 帕怕

m1 妈 2 麻蟆痳抹抹（～布）3 马码 4 骂

f 2 法乏发（头～）发伐筏罚

t 2 搭达答 3 打沓 4 大

t^h 1 他 2 濑踏搨塔榻遢溻塌獭

n 1 拉垃挪 2 纳腊蜡镴捺辣拿 3 哪 4 那

ts 2 杂眨

ts^h 2 擦察

s 1 萨 3 傻撒洒

tʂ 1 楂渣 2 诈乍扎闸炸札扎铡 4 榨炸栅

$tʂ^h$ 1 叉岔杈差（时～）差 2 茶搽茬查插

ʂ 1 杉娑沙纱痧砂 2 杀

x 1 虾（～腰）

Ø 1 阿

ia

tɕ 1 傢嘉家加痂稼佳 2 架夹袷甲胛搛挟荚 3 假（真～）贾假 4 价嫁驾

$tɕ^h$ 2 掐 4 洽

ɕ 1 虾（虾蟆）2 厦暇狭峡匣侠瞎辖霞 4 吓瑕遐下（～流）厦夏（姓～）下夏吓

Ø 1 鸦丫桠 2 衙伢蚜砑涯鸭押 3 雅哑 4 牙芽亚压轧

ua

tʂ 1 抓笊 3 爪

ʂ 2 刷涮 3 耍

k 1 瓜 2 撾刮 3 寡剐 4 挂卦褂

k^h 1 夸（～奖）夸 3 垮 4 跨

x 1 花 2 华（中～）铧划华桦滑猾 4 化画话划

Ø 1 挖蛙洼 2 娃袜 3 瓦

e

p 2 北百柏伯白

p^h 2 迫拍珀魄

m 2 墨默脉麦

t 2 得德

n 2 肋勒

ts 2 窄责则

ts^h 2 撤彻侧恻拆宅择泽册策厕 3 踩

s 2 虱色啬瑟

ʐ 2 热 3 惹

tʂ 1 遮蜇 2 蔗摺褶蛰哲辙折浙 3 者 4 仄

$tʂ^h$ 1 车 2 澈 3 扯

ʂ 1 赊奢畲 2 蛇麝赦佘摄涉涩舌设折 3 舍（宿～）騇 4 射社

k 2 革隔 3 嗝

k^h 2 克刻（时～）刻客咳

x 2 骇核（～桃）黑赫核

ŋ 2 额厄扼轭

ie

p 1 憋鳖逼鳖 2 别（分～）

p^h 3 撇劈

m 2 蔑灭

t 2 跌叠碟蝶谍迭滴

t^h 2 帖贴铁特

n 2 列烈劣溺 4 猎例裂

tɕ 1 嗟皆阶 2 接杰揭竭节结洁吉 3 姐解 4 借褯介界芥疥届戒械

$tɕ^h$ 2 茄妾捷劫切窃截讫乞怯 3 且 4 契

ɕ 2 靴邪斜偕懈蟹衔胁协协歇蝎楔穴 3 写 4 泻卸谢谐解泄

ȵ 1 捏 2 匿镊聂蹑孽逆

Ø 1 耶椰噎 2 爷页业事 3 野也 4 靥叶液腋夜

ue

k 2 国

k^h 2 扩廓

x 2 惑或

ye

tɕ 2 绝厥蕨掘橛决诀爵觉 4 蹷

$tɕ^h$ 2 瘸缺屈倔掘

ɕ 2 薛屑雪血削

Ø 1 曰 2 悦阅月越域 4 粤

o

P 1 波菠簸玻 2 簸薄簿钵拨钹脖勃博泊泊薄剥驳帛 3 跛 4 播

p^h 1 坡 2 泼颇 3 婆 4 破剖

m 1 摸 2 魔磨摩磨模摹墓末沫莫膜幕寞陌 4 慕

t 1 多掇 2 夺度踱铎 3 朵躲 4 舵剁惰堕

t^h 1 拖 2 驼驮脱托讬拓 3 椭妥 4 唾

n 1 啰 2 落烙洛骆乐络罗锣箩萝骡螺瘰摞 3 裸 4 酪糯朒

ts 2 做作昨 3 左佐 4 坐座

ts^h 1 搓 2 矬撮绰 4 锉措错

s 1 蓑梭唆缲 2 索硕缩 3 锁琐所

ʐ 2 诺若弱箬

tʂ 2 拙着着（～火）酌斫卓桌啄琢涿擢捉镯

$tʂ^h$ 2 戳

ʂ 2 说

k 1 歌哥锅戈 2 鸽割葛胳各阁搁角格骼虢郭 3 果裹 4 过个

kʰ 1 磕科窠 2 渴壳 3 可馃棵颗 4 课

x 1 喝豁 2 荷何河贺和禾和（~面）合盒喝活鹤镬获 3 火伙 4 货祸

ŋ 2 蛾鹅俄讹恶握 3 我 4 卧

Ø 1 凹倭窝莴蜗 2 鄂鳄腭愕沃 4 涴饿

io

n 2 略掠

tɕ 2 脚

tɕʰ 2 雀鹊却确麴（酒~）曲

ɕ 2 学

ȵ 2 虐疟

Ø 2 约药钥乐岳役疫育狱

ai

P 3 摆 4 拜稗败

pʰ 2 排牌徘 4 派

m 2 迈埋 3 买 4 卖

t 1 呆 3 逮 4 殆戴贷待怠代袋带大

tʰ 1 胎 2 台苔抬 4 态太泰

n 2 来 3 乃奶 4 奈赖癞瘌耐

ts 1 栽灾斋 3 宰 4 载

tsʰ 1 钗猜 2 才材财裁豺 3 彩采睬 4 菜蔡

s 1 筛腮鳃筛塞 4 赛

tʂʰ 1 差 2 柴

ʂ 4 晒

k 1 该街 3 改 4 丐盖

kʰ 1 开揩 3 凯楷 4 概溉慨

x 2 鞋还孩 3 海 4 害

ŋ 1 埃 2 碍挨崖捱岩 3 矮隘 4 爱

Ø 1 哀 4 艾蔼

uai

tʂ 3 拽

tʂʰ 1 揣 3 喘

ʂ 1 衰摔 4 帅蟀率

k 1 乖 3 拐 4 怪

kʰ 4 会刽桧块快筷

x 2 徊怀槐淮 4 坏

Ø 1 歪 4 外

ei

p 1 杯碑卑悲 4 贝狈辈背倍臂

pʰ 1 批胚坯披丕 2 培裴 4 沛配陪赔佩焙

m 2 梅枚媒煤玫莓眉楣霉媚没 3 美每 4 妹味寐

f 1 飞非妃菲 2 肥 3 匪翡 4 废肺柿吠痱沸费

uei

t 1 碓堆 4 对队兑

t^h 1 推 2 颓 3 腿 4 退蜕褪

n 2 雷 3 累（积～）垒儡馁 4 累类泪内擂

ts 1 锥 2 贼 4 罪最缀赘嘴醉坠

ts^h 1 炊崔催摧 4 碎脆翠悴粹

s 1 虽 2 随绥谁 3 髓 4 岁税遂穗

ʐ 3 蕊 4 芮锐瑞

tʂ 1 追

$tʂ^h$ 1 吹 2 锤槌 4 垂

ʂ 3 水 4 睡

k 1 规圭闺龟归 3 诡轨鬼 4 瑰鳜桂跪柜贵

k^h 1 魁亏窥盔奎癸 2 逵葵括聒阔 3 傀 4 愧溃

x 1 麾挥辉恢诙灰徽 2 贿回迴茴汇 3 悔汇毁 4 晦会绘秽惠慧讳卉

Ø 1 威巍 2 桅煨危伪帷维惟唯微薇围违苇纬 3 萎委尾伟 4 卫喂为位未味魏畏慰胃谓猬

au

p 1 褒堡抱菢胞包雹 3 保宝饱 4 报暴豹爆鲍刨曝

p^h 1 抛脬 2 袍刨 3 跑 4 泡炮

m1 猫 2 毛茅锚描矛 3 卯 4 冒帽貌

t 1 刀叨 3 倒岛祷捣 4 倒到稻道盗蹈

t^h 1 滔掏涛 2 桃逃淘陶萄导 3 讨 4 套

n 2 劳牢唠痨涝挠 3 脑恼捞老姥 4 闹

ts 1 糟遭 2 凿 3 早枣蚤澡 4 灶躁皂燥

ts^h 1 操 2 曹槽 3 草 4 造糙

s 1 骚臊 2 勺芍 3 晌嫂扫（～地）4 扫潲

ʐ 2 饶桡尧 3 铙扰绕

tʂ 1 昭招沼召 2 诏 3 找 4 罩櫂赵兆照

$tʂ^h$ 1 抄钞超 2 巢朝潮 3 炒吵

ʂ1 稍捎梢烧筲 3 少 4 潲哨少韶绍邵

k 1 糕羔高膏篙 3 稿搞 4 告窖

k^h 3 拷考烤 4 靠犒铐

x 1 蒿薅 2 毫豪壕浩 3 好郝 4 号

耗好（爱～）

ŋ 2 熬 3 袄 4 傲奥澳懊拗撬

Ø 4 坳

iau

p 1 彪标膘 3 表婊

p^h 1 飘瀌 2 漂（～白）嫖瓢 4 票漂鳔

m 2 苗 3 秒渺藐 4 妙庙

t 1 刁雕貂凋 4 吊钓调掉

t^h 1 挑 2 条调 4 跳

n 1 撩 2 燎嫽疗辽聊寥僚 3 了 4 廖镣

tɕ 1 胶郊教茭蕉椒醮骄娇矫交焦浇缴 2 嚼 3 绞狡铰搅剿侥饺 4 教较觉轿叫

$tɕ^h$ 1 悄敲锹翘 2 樵瞧荞侨桥乔 3 巧 4 俏窍

ɕ 1 消宵霄硝销肖逍嚣萧箫 3 小晓 4 酵校（～对）哮孝淆校效笑

ȵ 3 咬鸟 4 尿料

Ø 1 妖邀腰要夭吆幺 2 肴摇谣姚窑遥耀鹞 3 舀杳 4 要跃

əu

f 3 否

t 1 都兜逗 3 陡斗 4 斗（～争）豆痘

t^h 1 偷 2 头投 3 抖 4 透

n 2 楼 3 屡缕搂篓 4 漏陋

ts 3 走肘 4 奏纣绉

ts^h 1 掫 2 骤酬愁 3 丑 4 凑

s 1 搜 4 嗽廋

ʐ 2 柔揉 4 肉

tʂ 1 舟周帚邹州洲粥 4 昼宙咒

$tʂ^h$ 1 抽 2 绸稠筹仇 4 臭

ʂ 1 收飕馊 3 叟手首守 4 兽受寿授售

k 1 沟勾钩 3 狗苟 4 垢够构购

k^h 1 抠 3 口 4 叩扣寇

x 2 侯喉猴 3 吼 4 厚后候

ŋ 1 欧瓯区殴 3 藕偶偶呕 4 怄

iəu

m 4 谬

t 1 丢

n 1 溜 2 流留刘榴琉硫馏 3 柳

tɕ 1 臼鸠阄纠灸咎揪纠 3 酒九久韭 4 就救究舅旧柩

$tɕ^h$ 1 鳅秋丘 2 囚泅求球仇

ɕ 1 羞休修 3 朽 4 秀绣锈宿袖嗅

ȵ 2 牛尤邮由油游犹 3 纽扭

Ø 1 优忧悠幽 3 有友酉莠 4 又

右佑诱柚釉幼

$æ^n$

P 1 班斑扳颁般扳搬 3 板版 4 扮办瓣半伴拌

p^h 1 潘攀襻 2 盘爿 4 盼绊判畔叛

m 2 蛮瞒馒 3 满 4 慢鳗漫幔蔓

f 1 藩翻番 2 泛凡帆范梵烦矾繁 3 反 4 范犯贩畈饭

t 1 担单耽丹 3 掸疸胆 4 担淡旦诞但弹蛋

t^h 1 摊瘫探贪潭坍滩叹 2 谭坛谈痰檀坛弹 3 毯坦 4 炭

n 2 南男蓝篮难兰拦栏 3 婪览揽榄缆懒 4 滥烂难

ts 1 沾粘瞻簪 3 攒 4 錾濽赞颤

ts^h 1 搀餐参 2 蚕惭馋谗蟾潺缠蝉禅 3 惨 4 忏灿

s 1 三 3 散（松 ~） 伞 4 散（~会）

ʐ 2 然 3 染

tʂ 1 毡 3 斩盏展 4 暂站蘸占绽栈战

ʂ 1 衫钐珊山搧 3 陕闪 4 疝扇善膳单禅

k 1 甘柑泔蚶尴杆干肝 3 感敢橄秆擀赶 4 干

k^h 1 龛刊堪勘 3 坎砍槛 4 看

x 1 鼾憨酣 2 含函憾咸寒韩 3 撼喊罕 4 汉旱捍汗焊翰苋

ŋ 1 庵安鞍 4 揞暗岸按案

$iɛ^n$

p1 边鞭编 3 贬蝙扁匾 4 变辩辨便辫

p^h 1 篇偏 2 便 4 骗遍片

m 4 面 2 棉绵眠 3 免勉缅渑娩

t 1 掂颠癫 3 点典 4 踮店电殿奠佃垫淀

t^h 1 天添 2 甜田填 3 舔忝

n 2 镰连联莲楝 3 脸辇 4 练炼链恋

tɕ 1 监兼艰间裥奸坚尖煎肩 3 减碱检俭简柬拣锏剪践茧趼 4 鉴监舰渐剑谏涧箭溅贱件犍建毽键健腱荐见

$tɕ^h$ 1 签扦纤谦笺纤歼迁千牵铅 2 钳乾虔犍掮前 3 潜浅遣腆 4 嵌欠歉

ɕ 1 暹仙轩笼 2 咸陷嫌闲涎贤 3 显险 4 馅限线羡宪献现县

ȵ 1 拈 2 黏廉帘严俨鲇年 3 殓碾 4 敛验酽念廿筵堰砚燕宴

Ø 1 阉淹炎醃腌蔫烟胭咽研衍 2 延盐阎檐盐焰颜蜒言沿 3 掩魇孱演 4 厌艳雁晏谚

uæ^n

t 1 端 3 短 4 断锻断（~绝）段缎椴

t^h 2 团

n 2 鸾 3 暖卵 4 乱

ts 2 篡 4 钻纂篆

s 1 酸 4 算蒜

ʐ 3 阮软

tʂ 1 专砖 4 赚撰转转（~圈）传（~记）

tʂ^h 1 穿氽川 2 传椽船 3 铲 4 蹿窜串

ʂ 1 删闩拴

k 1 官棺观冠关鳏 3 馆管 4 贯灌罐观冠惯掼

k^h 1 宽 3 款

x 1 欢 2 桓还环 3 缓 4 唤焕换幻患宦

Ø 1 豌剜弯湾 2 玩完丸纨顽 3 碗腕晚挽

yɛ^n

tɕ 1 绢捐 3 卷 4 卷眷倦券

tɕ^h 1 圈 2 全泉权拳 3 犬 4 劝

ɕ 1 锨鲜鲜（朝~）掀宣喧楦 2 弦旋旋玄悬眩 3 选癣

Ø 1 渊冤 2 圆员缘元原源袁辕园援猿 3 远 4 院愿怨

ən

p 1 奔崩 3 本畚 4 笨

p^h 1 烹 2 盆彭膨

m 2 门 4 闷

f 1 吩芬纷 2 坟 3 粉 4 喷粪奋焚愤忿份

t 1 蹲登灯 3 等 4 顿扽凳邓

t^h 1 吞 2 藤腾誊

n 1 撚 3 冷 4 嫩

ts 1 榛臻增曾憎赠争踭筝睁 4 甑郑

ts^h 1 皴 2 存蹭层曾 3 惩 4 趁衬

s 1 森参僧生牲甥笙 3 沈省 4 慎

ʐ 2 人仁仍 3 壬纴忍刃韧扔 4 任任认

tʂ 1 砧针疹斟珍真诊征蒸贞侦征 3 枕振震整 4 镇阵圳戳澄证症正（~月）正政

tʂ^h 1 称（~呼）撑 2 沉岑陈尘娠辰晨臣橙乘承丞橙逞呈程成城诚盛 4 称秤

ʂ 1 深身申伸升声 2 甚神圣 3 审 4 渗甚肾剩胜盛

k 1 跟根更庚羹粳耕 3 哽梗埂耿 4 更

k^h 1 坑 3 恳垦啃肯

x 1 哼亨 2 痕恒衡横 3 很 4 恨

ŋ 1 恩 4 硬

in

p 1 兵宾拼彬槟滨殡冰 3 丙秉柄饼并禀 4 病并鬓

p^h 1 拼 2 频苹凭平评坪瓶屏萍 3 品 4 聘姘

m 2 民泯明鸣名铭暝 3 闽悯敏抿皿 4 命

t 1 叮丁钉疔 3 顶鼎

t^h 1 听厅汀 2 亭停庭蜓艇 3 挺廷 4 钉订锭定

n 2 赁林淋临凛怜鳞磷邻凌陵菱凝岭宁佞灵零铃伶翎龄 3 檩领拎 4 吝令另

tɕ 1 惊今金津巾斤筋京荆鲸精晶睛经经 3 禁襟锦紧仅谨境景警井颈 4 禁妗进晋尽劲近茎敬竟镜竞静靖净劲径尽

$tɕ^h$ 1 卿钦亲亲清轻青蜻 2 琴禽擒秦勤芹擎情晴 3 请寝 4 浸侵庆

ɕ 1 芯心辛薪新欣兴星腥猩馨 2 行行（品～）形刑型衅 3 醒省

Ø 1 音阴因姻殷鹰蝇莺樱鹦英婴缨 2 吟银寅迎盈赢荥 3 饮引隐影萤瘾 4 饮（～马）淫泅印应映

uən

t 1 敦墩 4 饨盾沌钝遁

t^h 2 屯豚臀

n 2 伦沦轮

ʐ 4 闰润孕

ts 1 尊撙遵

ts^h 1 村 3 忖 4 寸

s 1 孙 3 损笋榫

tʂ 3 准

$tʂ^h$ 1 春椿 2 唇 3 蠢

ʂ 2 纯醇莼绳 4 顺舜

k^h 1 坤 3 捆 4 困睏

x 1 昏婚浑荤 2 魂馄 4 混

Ø 1 吻 2 文纹蚊闻 3 刎 4 问

yn

tɕ 1 钧均君军 4 俊浚菌郡

$tɕ^h$ 1 倾顷 2 群裙

ɕ 1 熏勋薰 2 寻讯荀询迅旬循巡驯殉 4 逊训

Ø 1 晕 2 匀云耘营茔 3 允 4 熨

韵运

aŋ

p 1 帮邦浜 3 榜谤绑 4 傍棒蚌

p^h 2 滂旁螃庞 4 胖

m 2 忙芒茫盲虻氓 3 莽蟒

f 1 方芳 2 坊妨房防 3 肪仿纺彷访 4 放

t 1 当裆 3 党挡档 4 荡宕

t^h 1 汤 2 堂棠螳唐糖塘 3 躺倘 4 烫趟

n 2 囊郎廊狼螂 3 朗 4 浪

ts 1 赃脏 4 葬藏臟

ts^h 1 菖娼仓苍舱昌倡 2 藏

s 1 桑丧磉丧 3 嗓搡

ʐ 3 瓤壤攘嚷 4 酿让

tʂ 1 张章樟蟑 3 长涨掌 4 帐胀账丈仗杖障瘴

$tʂ^h$ 2 怅长肠 3 场厂 4 唱畅

ʂ 1 商伤 2 常尝裳偿尚 3 赏 4 上

k 1 肛刚岗纲钢冈缸钢 3 港 4 杠

k^h 1 康糠慷 4 抗

iaŋ

n 2 良凉粮梁粱 3 两辆 4 量亮谅量（气～）

tɕ 1 缰姜将疆僵姜江豇 3 蒋奖讲 4 浆桨酱将匠降

$tɕ^h$ 1 枪羌腔 2 强墙 3 抢 4 呛

ɕ 1 相箱湘襄镶香乡 2 详祥翔降 3 想饷享响 4 相象像向

ȵ 2 娘

Ø 1 央秧殃 2 羊洋烊杨阳扬疡 3 仰养痒 4 样

uaŋ

tʂ 1 庄装妆桩 4 壮状

$tʂ^h$ 1 窗疮 2 床 3 撞闯 4 创

ʂ 1 霜双孀 3 爽

k 1 光 3 广

k^h 1 筐匡眶 2 狂况 4 园旷矿

x 1 慌荒 2 黄簧皇蝗蟥凰 3 晃谎

Ø 1 汪 2 亡枉王 3 网往 4 望妄忘旺

oŋ

p 1 绷 4 迸

p^h 2 棚篷蓬朋 3 捧 4 碰

m 2 谋萌盟蒙懵蠓 3 某亩茂猛蜢 4 孟贸

f 1 枫风疯丰封蜂峰锋 2 冯逢缝 3 讽 4 凤奉缝俸

t 1 东冬 3 懂董 4 冻栋动洞

t^h 1 通 2 同铜桐筒童瞳 3 捅桶统 4 痛

n 1 聋弄 2 笼砻胧咙农脓侬隆窿浓龙 3 拢垄陇

ts 1 棕宗综踪 4 皱粽纵

ts^h 1 充鬃葱聪匆 2 从丛崇

s 1 松嵩 3 怂 4 送宋诵颂讼

ʐ 2 荣绒戎茸 3 冗

tʂ 1 中忠衷终钟盅 3 总仲冢种肿种（～类，～田）

$tʂ^h$ 1 囱冲春 2 虫重 3 宠 4 中众铳重

k 1 公工功攻蚣弓躬宫恭龚 3 汞巩 4 贡供拱供共

k^h 1 空（天～，亏～）3 孔恐 4 控

x 1 哄（起～）轰烘哄 2 弘宏虹红洪鸿

Ø 1 翁 4 瓮齆

ioŋ

tɕ 3 迥

$tɕ^h$ 2 穷琼

ɕ 1 兄胸凶匈 2 雄熊

Ø 1 臃庸 2 融容溶蓉熔 3 永泳勇涌恿踊甬 4 用

四川仪陇县金城镇话音系

李　勤[①]

摘　要　仪陇县金城镇话是入归阳平的方言，属于西南官话成渝片。本文以田野调查为基础归纳整理出仪陇县金城镇的方言音系。

关键词　金城镇话　方言音系　声学特征

一、概况

（一）地理位置

仪陇县隶属四川省南充市，位于四川省南充市东北部，地理位置跨东经106°14′－106°52′，北纬30°11′－31°39′，处于四川盆地北部低山与川中丘陵过渡地带，以低山为主，地势由东北向

---

① 作者简介：李勤，女，四川盐源县人。四川师范大学文学院汉语言文字学专业2017级硕士研究生。

西南倾斜。仪陇县境内山峦起伏，地貌以低山梁丘为主，境内有嘉陵江、仪陇河、绿水河、消水河等“一江三河”。

金城镇是仪陇县西北部的一个镇，曾为县镇府驻地，现为老城区。地处嘉陵江与渠江的分水岭，四川盆地东北部，大巴山南麓。位于东经106°21′07″—106°26′11″，北纬31°28′54″—31°34′13″。成渝经济区北部，南北跨度7.84公里，东西跨度6.33公里，面积50.16平方公里。东邻日兴镇，南接双盘乡，西依土门镇，北靠三蛟镇。距仪陇县城50公里，距南充129公里，巴中68公里。金城镇历史悠久，公元前314年，秦惠文王灭巴国，建立巴郡，置阆中县，仪邑属之。南朝梁天监元年（502）置隆成郡及仪隆县，郡县同治，治所在今仪陇县金城镇。

图1 仪陇县金城镇地理位置图

（二）田野调查情况

调查时间：2018年7月24日至26日。调查地点：南充市仪陇县金城镇。调查人：李勤（四川师范大学2017级硕士研究生）。发音人基本情况：胡国庆，男，1986年出生，仪陇县金城镇人，中专文化，小学体育老师，讲本地话。记音整理及音系归纳：李勤。参加调查其他人员：周岷（四川师范大学讲师）、张明（四川师范大学2017级硕士研究生）、熊巧（四川师范大学2017级硕士研究生）。

本次田野调查使用上海师范大学研发的斐风（Field Phone）、Mini Box声卡和德国拜耳动力TG H55C话筒调查录音，调查字表以中国社会科学院语言研究所李荣、丁声树编制的《方言调查字表》[1]为基础（结合四川方言有所删减），整理得出仪陇县金城镇语音系统。笔者根据调查材料听音、记音，使用Praat软件进行声调测值及相关作图工作，最后总结出金城镇方言语音系统。

二、音系

（一）声母

如表1所示，金城镇方言声母共25个，包括24个辅音声母和1个零声母，以下列出金城镇方言声母表。

表1　金城镇方言声母表

p 补币别	ph 品培	m 每鸣穆	f 分乏互	v 污无悟屋物
t 低待笛	th 拖亭	n 奴露联		
ts 灾字追争侄	tsh 粗惭超柴		s 司瑟食	z 绕酿

tʂ 猪柱	tʂh 春传		ʂ 书蜀纯
tɕ 剿净久掘	tɕh 切情圈旗	ȵ 女疑	ɕ 仙嬉型徐
k 歌共	kh 棵逵	ŋ 偶淹	x 伙焊鹤
Ø 未而雁伊越焰			

1. 金城镇声母说明[3]

（1）p-、ph-、t-、th-、k-、kh- 音值接近普通话，所有塞音均为清音，送气音送气程度较强，时间较长。送气塞音中软腭送气塞音送气时间最长，约为 93ms，龈送气清塞音次之，约为 74ms，时长最短的是双唇送气清塞音，约为 57ms。

（2）tɕ-、tɕh-、ɕ-、ts-、tsh-、s- 音值接近普通话，所有的塞擦音均为清音，塞擦音摩擦段的时长为约为 50ms。声母 ts-、tsh-、s-发音部位偏后，舌尖抵上齿龈。

（3）tʂ-、tʂh- 、ʂ-、ʐ-与普通话相比发音部位偏前。ʐ-声母摩擦明显而短暂，气流较弱。

（4）z-比 s-摩擦程度轻。

（5）唇齿清擦音 f-、v-与普通话相比，摩擦较强且时长更长；唇齿浊擦音 v-摩擦较强，只出现在单元音 u 前。

2. 金城镇话声母特征

（1）合口呼零声母的-u 韵母的音节开头带有明显的唇齿浊擦音 v，与其他合口呼零声母韵有明显的不同，记音标出。齐齿呼零声母音节开头带有摩擦音 j-，未记出。撮口呼音节以 y-开头，无摩擦。部分疑、影、微三母字与单韵母-u 相拼时读 v-，如：疑母“吴”“五”，影母“乌”“屋”，微母“武”“雾”“物”。

（2）泥来母洪混细分。声母 n-有 l-的变体，统一记作 n-。声母 ȵ-后带有同部位浊擦音，实为 ȵʑ-。在今洪音韵母前，泥来母都读 n，如：路、南、来、李。在今细音前古来母读 n ，如：雷、老、料等；古泥母读 ȵ- ，如：泥、娘、女等。

（3）分平翘舌。但翘舌声母tʂ-、tʂh-、ʂ-、ʐ-仅在知系字合口呼音节中出现，声母 ʐ-摩擦明显而短暂，气流较弱。老男音系中则全为翘舌，青男的翘舌在受其他方言的影响下，大多数变为了平舌，但是还是遗留着翘舌的痕迹。

（4）日母止摄字读零声母 Ø-，如：二、尔、耳、儿 ɚ-；z-在-u 或以 -u 开头的韵母前有音位变体，读 ʐ，如：如、若、软。其他全读 z-，如：扰、人、让。

（5）部分见系二等字没有腭化，如：街 kiai 、解 kiai、鞋 xiai 。

（6）古晓母字-u 韵前读为 f-，如：虎、户等；其他韵母前晓母字读 x-，如：花、货、海等。例外：金城镇内部存在一些差异，老年人发音晓匣母合口字变读 f-声母，青年人在成都话和普通话影响下改读 x-，例如："晃" faŋ3（老年人），xuaŋ3（青年人）。老年人非组声母字在 o 元音前读 x，青年人在成都话和普通话影响下改读 f，例如："丰" xoŋ1（老年人），foŋ1（青年人）。

（7）影、疑两母洪音多读 ŋ-，如：鹅、矮、熬等；疑母字细音多与泥母字细音相混，为 ȵ，如：严、验、孽等。

（二）韵母[2]

如表 2 所示，金城镇方言韵母共 36 个，其中单元音韵母 8 个，复元音韵母 15 个，鼻音韵尾 13 个，以下列出金城镇方言韵母表（下双线为文读和新读，下单线为白读和旧读）。

表2 金城镇方言韵母表[1]

ɿ 芝汁室织石	i 李提立必笛	u 牡株律独	y 序羽蓄遂
ɚ 尔二耳			
A 大坝塌罚	iA 加崖恰辖	uA 夸挂刷	
ɛ 奢摄浙德格	iɛ 斜劫切肋魄	uɛ 阔扩国	yɛ 靴缺削
o 波膜合夺骆	io 略岳狱		
ai 材该皆	iai 械蟹	uai 衰乖	
ei 培楣非废		uei 推雷龟愧	
au 糟膏罩	iau 交酵焦料嚼		
əu 兜州粥	iəu 留六		
an 南陷绊山	iɛn 严嫌艰健	uan 端顽篆串	yɛn 拳丸眷眩
en 沈尊肯牲钝	in 金贫凭庭	uən 捆唇蚊	yn 循君泳
aŋ 挡防巷	iaŋ 亮降腔	uaŋ 汪狂双	
oŋ 碰攻宗枫谋	ioŋ 兄雄勇		

1. 韵母说明[3]

图2为仪陇县金城镇一级元音舌位图。其中单元音 y 与普通话基本一致，不予赘述，下面对其他韵母做简要分析：

图2 金城话元音舌位图

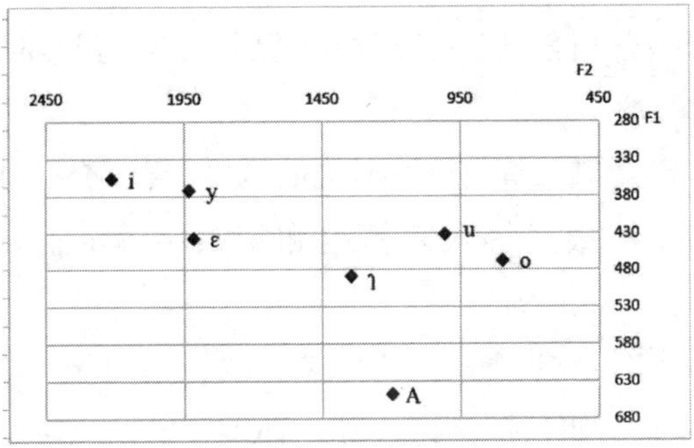

（1）［A］较后，发音时间较长，调查例字第一、第二共振峰平均值为（648，1199），较普通话偏央。

（2）［ε］较后，发音时间长，调查例字第一、第二共振峰平均值为（437，1918），舌位较普通话偏高、偏央。

（3）［i］调查例字第一、第二共振峰平均值为（356，2214），有点接近普通话的［i］，仪陇话里的［i］零声母后接主元音［i］时，［i］的摩擦校明显，实际音值近于［ji］。

（4）［ɿ］靠后，调查例字第一、第二共振峰平均值为（489，1345），元音ɿ的舌尖位置比普通话偏后。

（5）［u］发音时间长，调查例字第一、第二共振峰平均值为（431，1006），位置比普通话偏后。

（6）［o］较后，调查例字第一、第二共振峰平均值为（467，799），叫普通话发音位置较普通话低而开。

（7）韵尾-u，在-əu、-iəu中略展，实际音值近于-əɯ、-iəɯ。

（8）韵母-i、-y、-u、-ʅ，有衍音为：-i^{ə}、-y^{ə}、-u^{o}、-ʅ^{ə}。

2. 金城镇话韵母特征

（1）果摄一等帮、端系、见系韵母为－o，如：多、拖、锣、左、泼、破、墨。

（2）蟹摄合口舒声一等泥组字保留-u-介音读-uei，如：内、雷、累等。

（3）蟹摄开口二等见母字读-iai，如：皆、介、戒、解。

（4）宕、江摄三等入声精组和见系字读-io，如：脚、雀、约、药、学。

（5）臻摄舒声合口一、三等端、泥、精组字（除邪母）失去-u-介音读-en，如：顿、论、尊、孙。

(6) 山、曾、梗摄入声开口多读为-ε，仪陇金城镇方言中-ε为一个入声韵。如：舌、黑、色、窄、摘。

(7) 臻、曾摄入声合口一等见、溪、匣三母字读-uε，如：括、国、或。

(三) 声调

1. 调值

如表3所示，金城镇方言有四个声调，分别是阴平、阳平、上声、去声。以下选取各声调代表字，用Praat软件测出其基频值及相关数据，并绘制出声调绝对时长曲线图，测出各声调具体调值：阴平［24］，阳平［31］，上声［452］，去声［213］。

表3 金城话声调

阴平	1	24	巴风追中观
阳平	2	31	牌棉答没辙
上声	3	452	彼美鹉旅找
去声	4	213	坝捕到奈阵

图3 金城话等时长声调曲线图

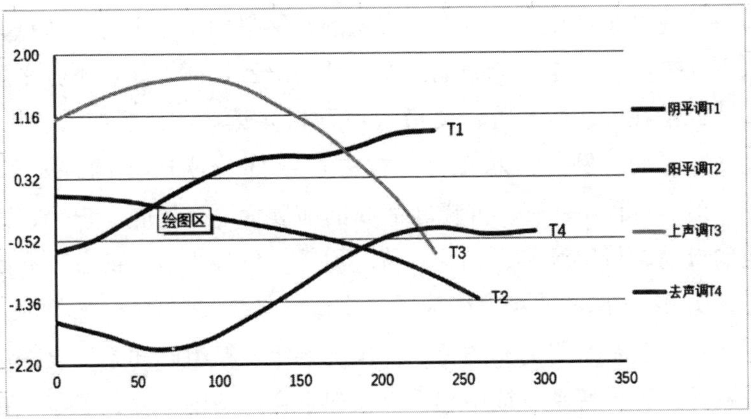

2. 金城话声调说明：

金城话声调有阴平、阳平、上声、去声四个调类，古入声归入阳平。调值分别为：阴平［24］、阳平［31］、上声［452］、去声［213］。

阴平调为高升调，前期升势明显，较为平缓，时长很短；阳平调为中降调，降势平缓，时长接近阴平；上声调为拱调，降势较陡，时长最短有［45］［52］变体；去声时长最长、起势较平缓，升势明显、略陡，语流中往往失去下凹，为［113］调。

四个声调发声时长相差大，其中，去声发声时长最长，平均时长约为320ms；阳平发声时长次之，平均时长约为260ms；阴平、阳平发声时长大致相同，大约为240ms。由声调曲线图可见，仪陇县金城镇四个调类分别为一个下凹调，一个拱调，两个降调。

三、结论

仪陇县金城镇方言从青男音系的归纳整理中得出音系特点有以下几方面。一是有成渝地区湖广话的语音特征，如：不分平翘等。二是在山、臻、曾、梗摄入声开口多读为-ɛ，例如舌、黑、色、窄、摘。例外：麻三、泰古去声字部分读成-ɛ 韵，如车、蛇、射、贝读-e。三、古晓母字-u 韵前读为 f-，如虎、户等；其他韵母前晓母字读 x-，如花、货、海等。例外：有一部分以 u 韵母开头和 oŋ 韵的非组字变为了 x-声母。

青年人音系与老年的差别：仪陇老年人精组、知系字全部读为翘舌，青男音系特征中翘舌仅在知系合口韵中保存；老年人在读声母 m-、ŋ-时在部分音节中，其后会孳生出同部位的浊塞音，形成鼻冠音 mb-、ŋg-变体，青年人没有这一特征。由此我们可以得出近代青年人的方言在受到其他方言的影响下，发生着变化。

参考文献：

[1] 中国社会科学院语言研究所. 方言调查字表 [M]. 北京：商务印书馆，1981.

[2] 林焘，王理嘉. 语音学教程 [M]. 北京：北京大学出版社，2013.

[3] 朱晓农，语音学 [M]. 北京：商务印书馆，2010.

The Phonetic System of the Dialect of Jincheng Town, Yilong County, Sichuan Province

Li Qin

(College of Liberal Arts, Sichuan Normal University; Chengdu, Sichuan; 610068)

Abstract: The dialect of Jincheng Town in Yilong County has the characteristics of the checked tone evolving to the rising tone, which belongs to the Cheng-yu dialect piece of southwestern Mandarin. Based on the field investigation, this paper summarizes the phonetic system of Yilong County.

Key words: Jincheng dialect; phonetic system; phonetic characteristics

段玉裁《说文解字注》义例辑略（二）

杜道生　编著

【編者按】　本次連載杜道生先生《段玉裁〈説文解字注〉義例輯略（二）》從171（㒸）條至343（黍）條。本文（一）見《語言歷史論叢》第十二輯第141－193頁。

171. 㒸 suì

从意也。［注］从八，豕聲。豕在十六部，㒸遂在十五部，合韵㝡近也。徐醉切。

段注：从，相聽也。㒸者，聽从之意。《司部》曰：詈者，意内而言外也。凡全書説解，或言詈，或言意，義或錯見。言从意，則知㒸者从詈也。言詈之必然，則知尒者必然意也。随从字當作㒸，後世皆以遂爲㒸矣。（《説文解字注・八部》，第49頁上）

172. 仌 bié

分也。从重八。《孝經》説曰：［注］故上下有別。治小切。二部。

段注:《孝經》説者,《孝經緯》也。後鄭注《經》引《緯》亦曰某經説。《鄭志·荅張逸》曰：當爲注時，時在文網中，嫌引祕書，故諸所牽圖讖，皆謂之説。(《説文解字注·八部》，第49頁下)

173. 公 gōng

平分也。从八厶。［注］八猶背也。韓非曰：背厶爲公。古紅切。九部。

段注：八厶，背私也。今本从八从厶。凡此等从字，皆淺人所增。(《説文解字注·八部》，第49頁下)

174. 公 gōng

平分也。从八厶。八猶背也。［注］韓非曰：背厶爲公。古紅切。九部。

段注：鄭注《堯典》分北三苗云：北猶別也。證以韋昭《吴語注》云：北，古之背字。然則許、鄭之語正互相發明，分別之乃相僢背，其義相因相足。故許不云八，背也，而云猶背。鄭不云北，別也，而云猶別。凡古訓故之言猶者視此。(《説文解字注·八部》，第49頁下)

175. 余 yú

語之舒也。［注］从八，舍省聲。以諸切。五部。

段注：余、予古今字。凡言古今字者，主謂同音，而古用彼今用此異字。若《禮經》古文用余一人,《禮記》用予一人，余、予本異字異義，非謂予、余本即一字也。(《説文解字注 · 八部》，第 49 頁下)

176. 文十二，重一。[注]

段注：惟叅從二余。則《説文》之例當別余爲一部。上篇蓐薅不入《茻部》是也。容有省併矣。(《説文解字注 · 八部》，第 50 頁上)

177. 宷 shěn

悉也。知宷諦也。从宀釆。審，篆文宷，从番。[注] 式荏切。七部。

段注：然則宷，古文籒文也。不先篆文者，从部首也。(《説文解字注 · 八部》，第 50 頁上)

178. 牛 niú

事也。理也。[注] 象角頭三、封尾之形也。凡牛之屬皆从牛。語求切。在古音第一部。

段注：事也者，謂能事其事也。牛任耕。理也者，謂其文理可分析也。庖丁解牛依乎天理，批大卻，道大窾。牛、事、理三字同在古音第一部。此與羊，祥也；馬，怒也，武也，一例。(《説文解字注 · 牛部》，第 50 頁下)

179. 犧 xī

宗廟之牲也。从牛，羲聲。賈侍中説此非古字。［注］許羈切。古音在十七部。

段注：他皆偁名，獨賈逵偁官者，尊其師也。(《説文解字注·牛部》，第53頁上)

180. 噲 kuài

咽也。从口，會聲。或讀若快。一曰噲，嚵也。［注］苦夬切。十五部。

段注：凡一曰之下多複舉本字。(《説文解字注·口部》，第54頁下)

181. 嗌 yì

咽也。从口，益聲。𦉼，籒文嗌，上象口，下象頸脈理也。［注］伊昔切。十六部。

段注：凡言項領頸亢胡者，自外言之；言嚨喉噲吞咽嗌者，自内言之。故皆从口，自口而入也。(《説文解字注·口部》，第54頁下)

182. 吝 lìn

恨惜也。从口，文聲。《易》曰：㠯往吝。［注］吝，古文吝，从彣。良刃切。十二部。

段注：許《易》偁孟氏，或兼偁他家，或孟《易》有或本，皆未可知也。(《説文解字注·口部》，第61頁上)

183. 哭 kū

哀聲也。从吅，从獄省聲。［注］凡哭之屬皆从哭。苦屋切。三部。

段注：按：許書言省聲，多有可疑者。取一偏旁，不載全字，指爲某字之省，若家之爲豭省，哭之从獄省，皆不可信。(《説文解字注 · 口部》，第63頁上)

184. 哭 kū

哀聲也。从吅，从獄省聲。［注］凡哭之屬皆从哭。苦屋切。三部。

段注：凡造字之本意有不可得者，如禿之从禾。用字之本義亦有不可知者，如家之从豕，哭之从犬。(《説文解字注 · 口部》，第63頁上)

185. 赴 fù

趨也。［注］从走，卜聲。芳遇切。古音在三部。

段注：凡許於《禮經》，从今文則不收古文字，如《口部》有名，《金部》無銘是也。从古文則不收今文字，如赴是也。《褋記》作訃不作赴者，《禮記》多用今文《禮》也。《左傳》作赴者，左丘明述《春秋傳》以古文，故與古文《禮》同也。(《説文解字注 · 走部》，第63頁下)

186. 𧼑 zhí

走也。从走，𢧢聲。讀若《詩》威儀秩秩。［注］直質切。十一、十二部合韵冣近。

段注：此偁《假樂》威儀抑抑，德音秩秩，誤合二句爲一。如東方昌矣，昆夷呬矣亦然也。(《説文解字注・走部》，第 64 頁下)

187. 趨 jié

趌趨也。[注] 从走，曷聲。居謁切。十五部。

段注：凡異部疊韵必部分相近。(《説文解字注・走部》，第 65 頁上)

188. 趩 yì

趨進趩如也。[注] 从走，翼聲。與職切。一部。

段注：有但引經文不釋字義者，如此及詞之斟矣，紶衣長短右袂是也。又色艴如也，又足躩如也。(《説文解字注・走部》，第 65 頁上)

189. 止 zhǐ

下基也。象艸木出有阯。故目止爲足。[注] 凡止之屬皆从止。諸市切。一部。

段注：此引申假借之法。凡以韋爲皮韋，以朋爲朋黨，以來爲行來之來，以西爲東西之西，以子爲人之偁皆是也。以止爲人足之偁與以子爲人之偁正同。(《説文解字注・止部》，第 67 頁下)

190. 韙 wěi

是也。[注] 从是，韋聲。《春秋傳》曰：犯五不韙。愇，籒文韙，从心。于鬼切。十五部。

段注：凡《史記》多用今文《尚書》也。(《説文解字注·是部》，第69頁下)

191. 迋 wàng

往也。从辵，王聲。《春秋傳》曰：子無我迋。[注] 于放切。十部。

段注：《左傳》昭廿一年文。《鄭風》：無信人之言，人實迋女。毛曰：迋，誑也。《傳》意謂迋爲誑之叚借。左氏此迋正同。迋本訓往，而經傳叚借爲誑，故偁之以明依聲託事。如玻本人姓，而無有作玻借爲好字。狟本訓犬行，而尚狟狟借爲桓桓。莫本訓火不明，而布重莫席借爲蔤字。皆其理也。(《説文解字注·辵部》，第70頁下)

192. 述 shù

循也。[注] 从辵，术聲。遹，籒文，从秫。食聿切。十五部。

段注：孫炎曰：遹，古述字。蓋古文多以遹爲述，故孫云爾。謂今人用述，古人用遹也。凡言古今字者視此。(《説文解字注·辵部》，第70頁下)

193. 達 dá

行不相遇也。从辵，羍聲。《詩》曰：挑兮達兮。达，達或从大。或曰迭。[注] 徒葛切。十五部。

段注：或曰：此迭字之異體也。《鳥部》隼，一曰鶉字。《蚰部》蠠，一曰螟字。《彳部》徲，一曰此與騩同。是其例也。

(《説文解字注·辵部》，第73頁下)

194. 連 lián

負車也。[注] 从辵車，會意。力延切。十四部。

段注：許不於《車部》曰連古文輦，而入之《辵部》者，小篆連與輦殊用。故云聯連也者，今義也。云連負車也者，古義也。(《説文解字注·辵部》，第73頁下)

注：校訂“員連”作“負車”。

195. 逑 qiú

斂聚也。从辵，求聲。《虞書》曰：[注] 旁逑孱功。又曰：怨匹曰逑。巨鳩切。三部。

段注:《虞書》當本是《唐書》，轉寫妄改之耳。凡許偁《堯典》曰《唐書》。説詳《禾部》。(《説文解字注·辵部》，第73頁下)

196. 逑 qiú

斂聚也。从辵，求聲。《虞書》曰：旁逑孱功。[注] 又曰：怨匹曰逑。巨鳩切。三部。

段注：凡《儀禮》古文作旁，今文作方；凡《尚書》古文作方，今文作旁。(《説文解字注·辵部》，第73頁下)

197. 逑 qiú

斂聚也。从辵，求聲。《虞書》曰：旁逑孱功。又曰：怨匹曰逑。[注] 巨鳩切。三部。

段注：又曰與一曰同，别一義也。(《説文解字注 · 辵部》，第 73 頁下)

198. 跪 guì

拜也。［注］从足，危聲。去委切。十六部。

段注：按：跪與拜二事，不當一之。疑當云所以拜也，後人不達此書所以字，往往删之。(《説文解字注 · 足部》，第 81 頁上)

199. 踦 kuí

脛肉也。从足，𢍰聲。一曰曲脛也。讀若逵。［注］渠追切。古音在三部。

段注：按：一曰曲脛也，横梗不貫，凡似此者疑皆後人所妄增。(《説文解字注 · 足部》，第 84 頁上)

200. 疋 shū

足也。上象腓腸，下从止。《弟子職》曰：問疋何止。古文目爲《詩 · 大雅》字。亦目爲足字。［注］或曰胥字。一曰疋記也。凡疋之屬皆从疋。所菹切。五部。

段注：此則以形相似而叚借，變例也。(《説文解字注 · 疋部》，第 84 頁下)

201. 嘂 jiào

高聲也。一曰大嘑也。从㗊，丩聲。《春秋公羊傳》曰：［注］魯昭公嘂然而哭。古弔切。古音在三部。

段注：言《公羊》者，以别於凡偁左氏徑云《春秋傳》也。序言其偁《春秋左氏》，葢主左氏而不廢公羊。(《説文解字注·㗊部》，第86頁下)

202. 句 gōu

曲也。[注] 从口，丩聲。凡句之屬皆从句。古矦切。四部。又九遇切。

段注：凡地名有句字者，皆謂山川紆曲，如句容、句章、句餘、高句驪皆是也。凡章句之句亦取稽留可鉤乙之意。古音總如鉤，後人句曲音鉤，章句音屨。又改句曲字爲勾，此淺俗分別，不可與道古也。(《説文解字注·句部》，第88頁上)

203. 鉤 gōu

曲鉤也。从金句。句亦聲。[注] 古矦切。四部。

段注：按：句之屬三字，皆會意兼形聲。不入手、竹、金部者，會意合二字爲一字，必以所重爲主。三字皆重句，故入《句部》。(《説文解字注·句部》，第88頁上)

204. 讎 chóu

猶譍也。[注] 从言，雔聲。市流切。三部。

段注：凡漢人作注云猶者，皆義隔而通之。如《公》《穀》皆云孫猶孫也，謂此子孫字同孫遁之孫。《鄭風》傳：漂，猶吹也。謂漂本訓浮，因吹而浮，故同首章之吹。凡鄭君、高誘等每言猶者，皆同此。許造《説文》不比注經傳，故徑説字義，不言猶。惟䆿字下云：珡猶齊也。此因珡之本義極巧視之，於䆿从誑義隔，故通之曰猶齊。此以應釋讎甚明，不當曰猶應，葢淺人但知讎爲怨詈，以爲不切，故加之耳。然則爾字下云：麗爾，猶靡麗也。此猶亦可删與。曰此則通古今之語示人。麗爾古語，靡麗今語。《魏風》傳：糾糾猶繚繚，摻摻猶纖纖之例也。（《説文解字注 · 言部》，第 90 頁上）

205. 讀 dú

籒書也。［注］从言，賣聲。徒谷切。三部。

段注：擬其音曰讀，凡言讀如、讀若皆是也。易其字以釋其義曰讀，凡言讀爲、讀曰、當爲皆是也。（《説文解字注 · 言部》，第 90 頁下）

206. 誼 yì

人所宜也。［注］从言宜，宜亦聲也。儀寄切。古音在十六部。

段注：凡讀經傳者，不可不知古今字。古今無定時，周爲古則漢爲今，漢爲古則晉宋爲今，隨時異用者謂之古今字。非如今人所言古文籒文爲古字，小篆隸書爲今字也。（《説文解字注 · 言部》，第 94 頁上）

207. 詡 xǔ

大言也。［注］从言，羽聲。况羽切。五部。

段注：《禮器》：德發揚詡萬物。注：詡猶普也。按：詡之本義爲大言，故訓爲普則曰猶。凡古注言猶者視此。（《説文解字注 · 言部》，第 94 頁上）

208. 諺 yàn

傳言也。[注] 从言，彥聲。魚變切。十四部。

段注：凡經傳所偁之諺，無非前代故訓，而宋人作注乃以俗語俗論當之，誤矣。(《説文解字注·言部》，第95頁上)

208條谓俗语多存古音古義。可参407、439、457、466條。

209. 讃 huì

中止也。从言，貴聲。《司馬法》曰：師多則民讃。讃，止也。[注] 胡對切。十五部。

段注：凡偁經傳而又釋其義者，皆必其義與字本義不同。(《説文解字注·言部》，第99頁上)

210. 誓 xī

悲聲也。[注] 从言，斯省聲。先稽切。十六部。

段注：斯，析也。凘，水索也。凡同聲多同義。(《説文解字注·言部》，第101頁上)

211. 讄 lěi

禱也。絫功德目求福也。《論語》云：讄曰：禱尒于上下神祇。从言，畾聲。[注] 讛，讄或从纍。力軌切。十五部。

段注：凡曰從畾聲者，皆從靁省聲也。(《説文解字注·言部》，第101頁下)

212. 妾 qiè

有辠女子給事之得接於君者。从辛女。《春秋傳》云：女爲人妾。妾，不娉也。[注] 七接切。八部。

段注：此釋《左傳》妾字之義，別於上文有罪女子之得接者也。《内則》曰：聘則爲妻，奔則爲妾，不必有罪，故云爾。此與釋《尚書》莫席、曰圛一例。(《説文解字注·䇂部》，第103頁上)

213. 爨 cuàn

齊謂炊爨。[注] 𦥑象持甑，冂爲竈口，廾推林内火。凡爨之屬皆从爨。𤇾，籒文爨省。七亂切。十四部。

段注：古言謂則不言曰，如《毛傳》：婦人謂嫁歸。是也。(《説文解字注·䢅部》，第106頁上)

214. 革 gé

獸皮治去其毛曰革。革，更也。象古文革之形。[注] 凡革之屬皆從革。革，古文革，從卅。卅年爲一世，而道更也。臼聲。古覈切。一部。

段注：凡字有依倣古文製爲小篆，非許言之，猝不得其於六書居何等者。如革曰象古文革之形，弟曰從古文之象，民曰從古文之象，酉曰象古文酉之形，是也。(《説文解字注·革部》，第107頁上)

215. 鞀 táo

鞀，遼也。[注] 从革，召聲。鞉，鞀或从兆聲。鼗，鞀或从鼓兆。磬，籒文鞀，从殸召。徒刀切。二部。

段注：此門聞也，户護也，鼓郭也，琴禁也之例。以疊韻説

其義也。(《説文解字注 · 革部》, 第 108 頁下)

216. 靷 yǐn

所㠯引軸者也。［注］从革，引聲。𩐇，籒文靷。余忍切。十二部。

段注：所以者字，依楊倞注《荀卿》補。凡許書所以字，淺人往往删之。(《説文解字注 · 鬲部》, 第 109 頁下)

217. 䰜 lì

䰞也。［注］古文亦鬲字。象孰飪五味气上出也。凡䰜之屬皆从䰜。郎激切。

段注：此云古文亦鬲字，即介籒文大，改古文之例。(《説文解字注 · 䰜部》, 第 112 頁上)

218. 䰜 lì

䰞也。古文亦鬲字。象孰飪五味气上出也。［注］凡䰜之屬皆从䰜。郎激切。

段注：鬲、䰜本一字。鬲專象器形，故其屬多謂器。䰜兼象孰飪之气，故屬皆謂孰飪。(《説文解字注 · 䰜部》, 第 112 頁上)

219. 爲 wéi

母猴也。［注］其爲禽好爪。下腹爲母猴形。王育曰：爪，象形也。𦥮，古文爲，象兩母猴相對形。薳支切。古音在十七部。

段注：《左傳》魯昭公子公爲亦稱公叔務人，《檀弓》作公叔禺人。《由部》曰：禺，母猴屬也。然則名爲字禺，所謂名字相應也。（《説文解字注 · 爪部》，第 113 頁上）

220. 叉 zhǎo

手足甲也。［注］从又，象叉形。側狡切。古音在三部。

段注：《曲禮》：大夫士去國不蚤鬋。蚤皆即叉字也。鄭注皆云：蚤讀爲爪。讀爲者，易其字也。不易爲叉而易爲爪，於此可見漢人固以爪爲手足甲之字矣。（《説文解字注 · 又部》，第 115 頁上）

221. 及 jí

逮也。从又人。乁，古文及。秦刻石及如此。［注］弓，亦古文及。𨒪，亦古文及。巨立切。七部。

段注：按：李斯作小篆，而刻石仍不廢古文也。（《説文解字注 · 又部》，第 115 頁下）

222. 叔 shū

拾也。从又，尗聲。汝南名收芌爲叔。［注］村，叔或从寸。式竹切。三部。

段注：言此者，箸商周故言猶存於漢之汝南也。（《説文解字注 · 又部》第 116 頁上）

223. 叔 shū

拾也。从又，尗聲。汝南名收芌爲叔。村，叔或从寸。［注］

式竹切。三部。

段注：又、寸皆手也，故多互用。(《説文解字注·又部》，第116頁上)

224. 聿 yù

所目書也。[注] 楚謂之聿，吴謂之不律，燕謂之弗。从聿一。凡聿之屬皆从聿。余律切。十五部。

段注：以，用也。聿者，所用書之物也。凡言所以者視此。(《説文解字注·聿部》，第117頁上)

225. 聿 yù

所目書也。楚謂之聿，吴謂之不律，燕謂之弗。[注] 从聿一。凡聿之屬皆从聿。余律切。十五部。

段注：郭注《爾雅》《方言》皆不偁《説文》。(《説文解字注·聿部》，第117頁下)

226. 段 duàn

椎物也。[注] 从殳，耑省聲。徒玩切。十四部。

段注：《説文》訓詁多宗《毛傳》。(《説文解字注·殳部》，第120頁上)

227. 弑 shì

臣殺君也。[注]《易》曰：臣弑其君。从殺省，式聲。式吏切。一部。

段注：按：述其實則曰殺君，正其名則曰弑君。《春秋》，正名之書也，故言弑不言殺；三傳，述實以釋經之書也，故或言殺，或言弑，不必傳無殺君字也。許釋弑曰：臣殺君。此可以證矣。(《説文解字注 · 殺部》，第 120 頁下)

228. 寺 sì

廷也。有法度者也。从寸，[注] 㞢聲。祥吏切。一部。

段注：言法度字多從寸。(《説文解字注 · 寸部》，第 121 頁上)

229. 敀 pò

迮也。从攴，白聲。《周書》曰：常敀常任。[注] 博陌切。古音在五部。

段注：杜子春已改之《周禮》，其故書古字猶存於鄭注。孔安國已改之《尚書》，其壁中古文之字猶存於《説文》。(《説文解字注 · 攴部》，第 123 頁上)

230. 敿 jiǎo

繫連也。[注] 从攴，喬聲。《周書》曰：敿乃干。讀若矯。居夭切。二部。

段注：凡字有專釋經者，敹、敿是也。(《説文解字注 · 攴部》，第 124 頁上)

231. 敓 duó

彊取也。《周書》曰：敓攘矯虔。[注] 从攴，兑聲。徒活切。十五部。

段注：凡《尚書》之字，有古文家改壁中相沿已久者，有衞包肊改者，皆可分别考而知之。(《説文解字注 · 攴部》，第124 頁下)

232. 斁 yì

解也。从攴，睪聲。《詩》曰：服之無斁。斁，厭也。[注] 一曰終也。羊益切。古音在五部。

段注：見《釋詁》《毛傳》。按：此三字釋所引《詩》之斁，以别於上文解訓，此全書之一例也。(《説文解字注 · 攴部》，第124 頁下)

233. 敔 yǔ

禁也。一曰樂器。椌楬也，形如木虎。[注] 从攴，吾聲。魚舉切。五部。

段注：用此知凡言一曰者，或經淺人增竄。(《説文解字注 · 攴部》，126 頁上)

234. 䚷 ní

𣪠也。[注] 从攴，兒聲。五禮切。十六部。

段注：按：𣪠下當云：𣪠䚷，毁也。䚷下當云：𣪠䚷也。此全書之例。多爲淺人亂之。《篇》《韻》皆連舉𣪠䚷字，知爲疊韻無疑。《廣韻》云：𣪠䚷，擊聲也。(《説文解字注 · 攴部》，第126 頁下)

235. 叶 jī

卜𥄉問疑也。从口卜。［注］讀與稽同。古兮切。十六部。

段注：當作卜口，卜而以口問也。凡若此等未能盡正，學者於此例之，可以三隅反矣。(《說文解字注 · 卜部》，第 127 頁上)

236. 𠧩 huì

《易》卦之上體也。［注］《商書》曰：貞曰𠧩。从卜，每聲。荒内切。古音在一部。

段注：許書以先小篆後古文爲正例，以先古文後小篆爲變例。曷爲先古文也？於其所從系之也。(《說文解字注 · 卜部》，第 127 頁下)

237. 甯 nìng

所願也。从用，寧省聲。［注］乃定切。十一部。

段注：此不云盜省聲，云寧省聲者，以形聲包會意也。(《說文解字注 · 用部》，第 128 頁下)

238. 㸚 lǐ

二爻也。［注］凡㸚之屬皆从㸚。力几切。

段注：二爻者，交之廣也。以形爲義，故下不云從二爻。玨、㹅疑皆此例，無庸補從二玉、從二余也。(《說文解字注 · 爻部》，第 128 頁下)

239. 爾 ěr

麗爾，猶靡麗也。［注］从冂㸚。㸚，其孔㸚㸚，从尒聲。

此與爽同意。兒氏切。周時在十五部，漢時在十六部。

段注：麗爾，古語。靡麗，漢人語。以今語釋古語，故云猶。《毛傳》云：糾糾猶繚繚也。摻摻猶纖纖也。是此例也。（《説文解字注·叕部》，第128頁下）

240. 瞏 qióng

目驚視也。［注］从目，袁聲。《詩》曰：獨行瞏瞏。渠營切。按袁聲當在十六部。

段注：《唐風》毛傳曰：瞏瞏，無所依也。許不从毛者，許説字非説經也。製字之本義則尒，於从目知之。（《説文解字注·目部》，第131下）

241. 督 dū

察視也。［注］从目，叔聲。一曰目痛也。冬毒切。三部。

段注：凡師古引《説文》，多有不言《説文》曰者。（《説文解字注·目部》，第133頁下）

242. 眝 zhù

長眙也。［注］从目，宁聲。一曰張眼。陟吕切。五部。

段注：凡辭章言延佇者，亦皆當作眝。（《説文解字注·目部》，第133頁下）

243. 瞍 sǒu

無目也。［注］从目，叜聲。穌后切。古音在三部。

段注：無目與無牟子別。無牟子者，黑白不分；無目者，其中空洞無物。故《字林》云：睃，目有眹無珠子也；瞽者才有眹而中有珠子；睃者才有眹而中無珠子。此又瞽與睃之别。凡若此等，皆對文則别，散文則通。（《説文解字注 · 目部》，第 135 頁下）

244. 自 zì

鼻也。象鼻形。［注］凡自之屬皆从自。𦣹，古文自。疾二切。十五部。

段注：凡从自之字，如《尸部》眉，臥息也。《言部》詯，膽气滿聲在人上也。亦皆於鼻息會意。（《説文解字注 · 自部》，第 136 頁下）

245. 者 zhě

别事詞也。［注］从白，𣥂聲。𣥂，古文旅。之也切。古音在五部。

段注：言主於别事，則言者以别之。《喪服經》：斬衰裳，苴絰杖，絞帶，冠繩纓，菅屨者。注曰：者者，明爲下出也。此别事之例。凡俗語云者箇，者般，者回，皆取别事之意。不知何時以迎這之這代之。這，魚戰切。

竊按：此注構出"者"之"指示代詞""被飾代詞"作用。（《説文解字注 · 白部》，第 137 頁上）

246. 𥇛 chóu

詞也。［注］从白，𠷎聲。𠷎與疇同。《虞書》曰：帝曰𥇛咨。直由切。三部。

段注：凡《毛傳》之例云辭也。如《芣苢》之薄，《漢廣》之思，《草蟲》之止，《載馳》之載，《大叔于田》之忌，《山有扶蘇》之且皆是。《說文》之例云某䛐。《自部》外，欥爲詮䛐，矣爲語已䛐，矤爲況䛐，曶爲出气䛐，各爲異䛐，匌爲驚䛐，尒䛐之必然也，曾䛐之舒也，皆是。然則䛐也二字非例，當作誰䛐也三字。(《說文解字注·白部》，第137頁上)

247. 𤾊 chóu

䛐也。［注］从白，𠃬聲。𠃬與𤾊同。《虞書》曰：帝曰𤾊咨。直由切。三部。

段注：《說文》之例，敘篆文合以古、籒。𤾊者古文，非小篆也，何以廁此也？凡《書》《禮》古文往往依其部居錄之，不必皆先小篆後古文，亦不必如上部之例。先古文必系以小篆，所以尊經也。(《說文解字注·白部》，第137頁上)

248. 鼻 bí

所目引气自畀也。［注］从自畀。凡鼻之屬皆从鼻。父二切。十五部。

段注：所以二字今補。口下曰：所以言食也。舌下曰：所以言別味也。是其例。(《說文解字注·鼻部》，第137頁下)

249. 鼻 bí

所目引气自畀也。从自畀。［注］凡鼻之屬皆从鼻。父二切。十五部。

段注：以義爲形也。(《說文解字注·鼻部》，第137頁下)

按：應與 238 條參看。

250. 翮 hé

羽莖也。［注］从羽，鬲聲。下革切。十六部。

段注：莖、翮雙聲。《唐風》：肅肅鴇行。毛曰：行，翮也。亦於雙聲求之。上文云鴇羽、鴇翼，故不得以行列釋之也。(《説文解字注・羽部》，第 139 頁上)

251. 翌 huáng

樂舞。目羽翿自翳其首，目祀星辰也。从羽，王聲。讀若皇。［注］胡光切。十部。

段注：按：此等字小篆皆未必有之，專釋古經古文也。(《説文解字注・羽部》，第 140 頁上)

252. 雜 chún

鶉屬也。［注］从隹，𦎧聲。常倫切。十三部。

段注：按：《説文》或言屬，或言别。言屬而别在焉，言别而屬在焉。言鶉屬則雜非鶉也。(《説文解字注・隹部》，第 143 頁下)

253. 𦫳 guāi

戾也。从𦫳𠆢。［注］古懷切。古音葢在十六部。

段注：凡許自注云某古文某者，皆見於許書。(《説文解字注・𦫳部》，第 144 頁下)

254. 芈 mǐ

羊鳴也。从羊，象气上出。與牟同意。［注］緜婢切。十六部。

段注：凡言某與某同意者，皆謂其製字之意同也。(《説文解字注 · 羊部》，145 頁下)

255. 羍 dá

小羊也。［注］从羊，大聲。讀若達同。羍，羍或省。他末切。十五部。

段注：尋箋不云達讀爲羍，則知《毛詩》本作羍，毛以達訓羍，謂羍爲達之假借也。凡故訓傳之通例如此。(《説文解字注 · 羊部》，第 145 頁下)

256. 羌 qiāng

西戎。羊穜也。［注］从羊儿，羊亦聲。南方蠻閩从虫，北方狄从犬，東方貉从豸，西方羌从羊：此六穜也。西南僰人、焦僥，从人。葢在坤地，頗有順理之性。唯東夷从大。大，人也。夷俗仁，仁者壽，有君子不死之國。孔子曰：道不行，欲之九夷，乘桴浮於海。有目也。𦍋，古文羌如此。去羊切。十部。

段注：按：應氏《風俗通》，其語有襲用《説文》者，有竄改《説文》者。(《説文解字注 · 羊部》，第 147 頁上)

257. 鴞 xiāo

鴟鴞，［注］寧鴂也。从鳥，号聲。于嬌切。二部。

段注：凡物以兩字爲名者，不可因一字與他物同謂爲一物。

(《説文解字注 · 鳥部》, 第 150 頁下)

258. 鴂 jué

寧鴂也。[注] 从鳥，夬聲。古穴切。十五部。

段注：《離騷》：恐鵜鴂之先鳴。楊雄作鷤搗。或釋爲子規，或釋爲伯勞，未得其審。而《廣韻》乃合鷤鴂、鶗鴂爲一物。凡物名因一字相同而溷誤之類如此。(《説文解字注 · 鳥部》, 第 150 頁下)

259. 鷺 lù

白鷺也。[注] 从鳥，路聲。洛故切。五部。

段注：《釋鳥》曰：鷺，舂鉏。《周頌》《魯頌》傳曰：鷺，白鳥也。按:《大雅》：白鳥翯翯。白鳥謂鷺。傳不言者，人所共知也。漢人謂鷺爲白鳥也。於頌則以人所知説其所不知，此傳注之體也。陸氏疏云：好而潔白，故謂之白鳥。此白鷺當作白鳥，許之例多因《毛傳》也。舂鉏者，謂其狀俯仰如舂如鉏。(《説文解字注 · 鳥部》, 第 151 頁下)

260. 舄 què

誰也。[注] 象形。雒，篆文舄，从隹昝。七削切。古音在五部。

段注：謂舄即誰字，此以今字釋古字之例。古文作舄，小篆作誰。㫐下曰：厚也。《周禮》注曰：勛讀爲勳。皆以今字釋古字。(《説文解字注 · 鳥部》, 第 157 頁上)

261. 糞 fèn

棄除也。［注］从廾推華糞釆也。官溥説：佀米而非米者，矢字。方問切。古音在十四部。

段注：古謂除穢曰糞，今人直謂穢曰糞，此古義今義之别也。凡糞田多用所除之穢爲之，故曰糞。(《説文解字注・華部》，第158頁上)

按：區别名詞動詞。

262. 糞 fèn

棄除也。从廾推華糞釆也。官溥説：佀米而非米者，矢字。［注］方問切。古音在十四部。

段注：許書説解中多隨俗用字。(《説文解字注・華部》，第158頁上)

注：參105、303條。

263. 再 zài

一舉而二也。［注］从一，冓省。作代切。一部。

段注：凡言二者，對偶之詞。凡言再者，重複之詞，一而又有加也。(《説文解字注・冓部》，第158頁下)

264. 疐 zhì

礙不行也。［注］从叀，引而止之也。叀者，如叀馬之鼻。从冂，此與牽同意。《詩》曰：載疐其尾。陟利切。古音在十一部。

段注：《釋言》云：疐，跲也。《豳風》毛傳同。《足部》

躓，跲也。跲，躓也。以《大學》懥亦作懫推之，則疐即躓字，音義皆同。許不謂一字，殊其義者，依字形爲之說也。(《説文解字注 · 叀部》，第 159 頁上)

265. 予 yǔ

推予也。［注］象相予之形。凡予之屬皆从予。余吕切。五部。

段注：予、與古今字。《釋詁》曰：台朕賚畀卜陽，予也。按：推予之予，假借爲予我之予，其爲予字一也。故台朕陽與賚畀卜皆爲予也。《爾雅》有此例，《廣雅》尚多用此例。(《説文解字注 · 予部》，第 159 頁下)

266. 爰 yuán

引也。［注］从受，从亏。籒文目爲車轅字。羽元切。十四部。

段注：凡言於者，兩物相於自此引而之彼。(《説文解字注 · 受部》，第 160 頁下)

267. 叡 gài

突堅意也。［注］从𣦼，从貝。貝，堅實也。讀若概。古代切。十五部。

段注：凡言意者，詈下意内言外之意。其意爲深堅，其言云叡也。(《説文解字注 · 𣦼部》，第 161 頁上)

268. 骴 cī

鳥獸殘骨曰骴。骴，可惡也。从骨，此聲。《明堂月令》曰：［注］掩骼薶骴。資四切。十六部。

段注：許偁《月令》皆云《明堂月令》。（《説文解字注·骨部》，第 166 頁下）

269. 膾 kuài

骨擿之可會髮者。从骨，會聲。《詩》曰：膾弁如星。［注］古外切。十五部。

段注：《説文》多沿《毛傳》，其云可會髮者，必本《毛傳》此文。（《説文解字注·骨部》，第 167 頁上）

270. 膾 kuài

骨擿之可會髮者。从骨，會聲。《詩》曰：膾弁如星。［注］古外切。十五部。

段注：毛、許、先鄭説《詩》《禮》皆與後鄭不同，其義則後鄭爲長。（《説文解字注·骨部》，第 167 頁上）

271. 肉 ròu

胾肉。［注］象形。凡肉之屬皆从肉。如六切。三部。

段注：《説文》之例，先人後物。何以先言肉也？曰：以爲部首，不得不首言之也。（《説文解字注·肉部》，第 167 頁上）

272. 臑 nào

臂。羊豕曰臑。［注］从肉，需聲。讀若儒。人于反。古音在四部。

段注：許書之體本多言曰某，轉寫者多改曰某二字爲一也字。既改曰臑爲也，又誤羊豕爲矢，襲繆者久矣。(《説文解字注 · 肉部》，第 169 頁下)

按：此注已經章炳麟訂正。

273. 嬴 luó

或曰嘼名。[注] 象形。闕。郎果切。十七部。

段注：或曰，不定之詈。(《説文解字注 · 肉部》，第 177 頁上)

274. 副 pì

判也。[注] 从刀，畐聲。《周禮》曰：副辜祭。疈，籀文副，从畐。芳逼切。一部。

段注：副之則一物成二，因仍謂之副。因之，凡分而合者皆謂之副，訓詁中如此者致多。(《説文解字注 · 刀部》，第 179 頁下)

275. 剝 bō

裂也。[注] 从刀彔。彔，刻也。彔亦聲。一曰剝，割也。𠧪，剝或从卜。北角切。三部。

段注:《豳風》假剝爲攴：八月剝棗。毛曰：剝，擊也。《音義》云：普卜反。故知剝同攴也。《小正》傳云取，《毛傳》云擊，此後人訓詁必密於前人也。(《説文解字注 · 刀部》，第 180 頁下)

276. 耡 chú

殷人七十而耡。耡，耤税也。［注］从耒，助聲。《周禮》曰：目興耡利萌。牀倨切。五部。

段注：按：耤、耡二篆皆偁古成語，而後釋其字義，耡即以耤釋之。耤税者，借民力以食税也。(《説文解字注·耒部》，第184頁下)

277. 角 jiǎo

獸角也。象形。角與刀魚相侣。［注］凡角之屬皆从角。古岳切。三部。

段注：其字形與刀魚相似也。此龜頭似蛇頭，虎足似人足之例。(《説文解字注·角部》，第184頁下)

278. 箑 shà

扇也。［注］从竹，疌聲。篓，箑或从妾。山恰切。八部。

段注：凡江東方言見於郭注者，今多不同，葢由時移世易，士民遷徙不常故也。(《説文解字注·竹部》，第195頁上)

279. 笑 xiào

喜也。从竹，从犬。［注］私妙切。二部。

段注：引楊承慶《字統》異説云：从竹，从夭。竹爲樂器，君子樂然後笑。《字統》每與《説文》乖異，見元(玄)應書。(《説文解字注·竹部》，第199頁上)

注：指玄應的《一切經音義》。

280. 笑 xiào

喜也。从竹，从犬。［注］私秒切。二部。

段注：或問曰：从犬可得其說乎？曰：从竹之義且不敢妄言，況从犬乎？聞疑載疑可也。(《說文解字注・竹部》，第 199 頁上)

281. 典 diǎn

五帝之書也。从冊在丌上，尊閣之也。莊都說：典，大冊也。［注］籅，古文典，从竹。多殄切。古音在十三部。

段注：此字形之別說也。莊都者，博訪通人之一也。謂典字上从冊，下从大，以大冊會意，與冊在丌上說異。不别爲篆者，許意下本不從大，故存其說而已。(《說文解字注・丌部》，第 200 頁上)

282. 工 gōng

巧飾也。象人有規榘。與巫同意。［注］凡工之屬皆从工。彡，古文工，从彡。古紅切。九部。

段注：凡言某與某同意者，皆謂字形之意有相似者。(《說文解字注・工部》，第 201 頁上)

283. 䆅 sè

窒也。从珡，从廾，窒宀中。珡猶齊也。［注］穌則切。一部。

段注：說从珡之意。凡漢人訓詁，本異義而通之曰猶。珡从四工，同心同力之狀。窒不必極巧，故曰猶齊。注經者多言猶，

許書言猶者三見耳。(《説文解字注·亗部》，第201頁下)

注：經個人查閱另兩言在“麗”“它”篆下，待核。

284. 亏（于）yú

於也。[注] 象气之舒亏。从丂，从一。一者，其气平也。凡亏之屬皆从亏。羽俱切。五部。

段注：凡《詩》《書》用于字。凡《論語》用於字。葢于、於二字在周時爲古今字，故《釋詁》《毛傳》以今字釋古字也。凡言於皆自此之彼之?。其气舒于。（《説文解字注·亏（于）部》，第204頁下）

285. 豊 lǐ

行禮之器也。从豆，象形。[注] 凡豊之屬皆从豊。讀與禮同。盧啓切。十五部。

段注：按：《説文》之例，成字者則曰从某。假令上作豳，則不曰象形。(《説文解字注·豊部》，第208頁上)

286. 豑 zhì

爵之次弟也。从豊弟。《虞書》曰：平豑東作。[注] 直質切。十五部。

段注：許存壁中之字，如鄭注《禮經》存古文之字，注《周禮》存故書之字也。(《説文解字注·豊部》，第208頁上)

287. 虦 zhàn

虎竊毛謂之虦苗。从虎，戔聲。竊，淺也。[注] 昨閑切。

十四部。

段注：此於雙聲疊韻求之。必言此者，嫌竊之本義謂盜自中出也。《大雅》曰：鞹鞃淺幭。傳曰：淺，虎皮淺毛也。言竊言淺一也。《釋鳥》：竊藍、竊黄、竊丹，皆訓淺。於六書爲假借，不得云竊即淺字。（《説文解字注·虎部》，第210頁下）

288. 齍 zī

黍稷器，所目祀者。［注］从皿，妻聲。即夷切。十五部。

段注：考《毛詩·甫田》作齊，亦作齍，用古文。《禮記》作粢盛，用今文。是則齍、粢爲古今字憭然。《左傳》作粢盛，則用今字之始。《左傳》曰：絜粢豐盛。毛曰：器實曰齍，在器曰盛。鄭注《周禮》：齍或專訓稷，或訓黍稷稻粱，盛則皆訓在器。是則齍之與盛别者，齍謂穀也，盛謂在器也。許則云器曰齍，實之則曰盛，似與毛、鄭異。葢許主説字，其字从皿，故謂其器可盛黍稷曰齍。要之齍可盛黍稷，而因謂其所盛黍稷曰齍。凡文字故訓引申每多如是，説經與説字不相妨也。（《説文解字注·皿部》，第212頁上）

289. 監 tǎn

血醢也。从血，肬聲。《禮》有監醢：［注］目牛乾脯、粱、䕸、鹽、酒也。他感切。八部。

段注：許書言《禮》有柶，《禮》有刷巾，《禮》有奠祭，《禮》有緇緣，皆謂《禮經》。（《説文解字注·血部》，第214頁上）

290. 阱 jǐng

陷也。从𨸏井，井亦聲。穽，阱或从穴。［注］汬，古文阱，从水。疾正切。十一部。

段注：按：古本《説文》多云某或某字，見於《經典釋文》者往往如是。《周禮》注所謂古字多或也。今本《説文》盡改之云某或作某，非古也。(《説文解字注 · 井部》，第 216 頁上)

291. 㑹 shí

亼米也。［注］从皀，亼聲。或説亼皀也。凡㑹之屬皆从㑹。乘力切。一部。

段注：凡今人食分去入二聲，飯分上去二聲，古皆不如此分别。(《説文解字注 · 㑹部》，第 218 頁上)

292. 㑹 shí

亼米也。从皀，亼聲。或説亼皀也。［注］凡㑹之屬皆从㑹。乘力切。一部。

段注：皀者，穀之馨香也，其字从亼皀，故其義曰亼米。此於形得義之例。(《説文解字注 · 㑹部》，第 218 頁上)

293. 亼 jí

三合也。从入一，象三合之形。［注］凡亼之屬皆从亼。讀若集。秦入切。七部。

段注：許書通例，其成字者必曰从某，如此言从入一是也。从入一而非會意，則又足之曰：象三合之形。謂似會意而實象形也。(《説文解字注 · 亼部》，第 222 頁下)

294. 䆅 chén

日月合宿爲䆅。从會辰，會亦聲。［注］黄外切。十五部。

段注：大徐用孫愐《唐韻》爲音，而不必盡用《唐韻》。(《説文解字注 · 會部》，第 223 頁下)

295. 匋 táo

作瓦器也。从缶，包省聲。古者昆吾作匋。案：《史篇》讀與缶同。［注］徒刀切。古音在三部。

段注：許書言案者二條，疑後人所羼入。(《説文解字注 · 缶部》，第 225 頁上)

296. 亳 bó

京兆杜陵亭也。［注］从高省，乇聲。旁各切。五部。

段注：以解字爲書，不得不有涉於皮傅者。(《説文解字注 · 高部》，第 228 頁上)

297. 亯 xiǎng

獻也。［注］从高省，曰象孰物形。《孝經》曰：祭則鬼亯之。凡亯之屬皆从亯。享，篆文亯。許兩切。十部。

段注：各經用字自各有例，《周禮》之饗燕，《左傳》皆作亯宴。此等葢本書固尒，非由後人改竄。(《説文解字注 · 亯部》，第 229 頁上)

298. 梬 yǐng

梬棗也。从柹而小，一曰梗。［注］從木，甹聲。以整切。

十一部。

段注：玉裁謂：凡物必得諸目驗而折衷古籍，乃爲可信。(《説文解字注・木部》，第239頁上)

299. 梓 zǐ

楸也。從木，宰省聲。[注] 梓，或不省。即里切。一部。

段注：按：許知宰省聲而非辛聲者，於或字知之也。或字，蓋古文之遺與。(《説文解字注・木部》，第242頁上)

300. 梧 wú

梧桐木。從木，吾聲。一曰櫬。[注] 五胡切。五部。

段注：一曰猶一名也。(《説文解字注・木部》，第247頁上)

301. 栞 kān

槎識也。從木㚘，闕。[注]《夏書》曰：隨山栞木。讀若刊。栞，篆文從幵。苦寒切。十四部。

段注：《説文》之例，先小篆後古文。惟此先壁中古文者，尊經也。(《説文解字注・木部》，第249頁下)

302. 枯 kū

槁也。從木，古聲。《夏書》曰：唯箘輅枯。枯，木名也。[注] 苦孤切。五部。

段注：此釋書之枯非枯槀之義，如引堲讒説，而又釋堲。引曰圛，而又釋圛。引布重莫席，而又釋莫。皆非堲、圛、莫本

義，必别釋以曉人也。(《説文解字注・木部》，第 251 頁下)

303. 柝 tuò（㯷）

判也。從木，㡿聲。《易》曰：重門擊㯷。［注］他各切。五部。

段注：《繫辭》傳文。按：欜下引《易》重門擊欜，欜之本義也，引經言轉注也。此引《易》擊㯷者，欜之借字也，引經言假借也。《易》有異文，兼引之而六書明矣。(《説文解字注・木部》，第 252 頁上)

304. 梳 shū

所目理髮也。［注］從木，疏省聲。所菹切。五部。

段注：所目二字今補。器曰梳，用之理髮因亦曰梳。凡字之體用同稱如此。(《説文解字注・木部》，第 258 頁下)

305. 茉 huá

兩刃臿也。從木丫，象形。宋魏曰茉也。［注］互瓜切。古音在弟五部。

段注：《方言》云宋魏之閒謂之鏵是也。嘗論《方言》之字，多爲後人以今易古，以俗易正。此其一耑也。(《説文解字注・木部》，第 258 頁下)

306. 柶 sì

《禮》有柶。［注］柶，匕也。從木，四聲。息利切。十五部。

段注：凡言《禮》者，謂《禮經》十七篇也。《禮經》多言柶。(《説文解字注·木部》，第260頁下)

307. 桶 tǒng

木方受六升。[注] 從木，甬聲。他奉切。九部。

段注：《月令》：角斗甬。注曰：甬，今斛也。甬即桶。今斛者，今時之斛。凡鄭言今者，皆謂漢時。(《説文解字注·木部》，第265頁上)

308. 极 jí

驢上負也。從木，及聲。或讀若急。[注] 其輒切。七部。

段注：云或者，云及聲則既讀若及矣，又或若急也。(《説文解字注·木部》，第266頁上)

309. 樕 shū

車轂中空也。從木，梀聲，讀若藪。[注] 山樞切。古音當在二部。

段注：大鄭云讀爲藪者，易樕爲藪也，注經之法也。許云讀如藪者，擬其音也，字書之體也。(《説文解字注·木部》，第266頁下)

310. 橃 bō

海中大船。[注] 從木，發聲。房越切。十五部。

段注：《廣韻》橃下曰：木橃。《説文》云：海中大船。謂《説文》所説者古義，今義則同筏也。凡《廣韻》注以今義列於

前，《説文》與今義不同者列於後，獨得訓詁之理，葢六朝之舊也。（《説文解字注 · 木部》，第 267 頁下）

311. 槎 chá

衺斫也。從木，差聲。《春秋傳》曰：山不槎。［注］側下切。十七部。

段注：許書亦有謂《國語》爲《春秋傳》者，此其一也。（《説文解字注 · 木部》，第 269 頁上）

312. 櫳 lóng

檻也。从木，龍聲。［注］盧紅切。九部。

段注：字有偏旁稍移而爲二字者。柔，栩也；杼，機持緯者也；櫱，房室之疏也；櫳，檻也；是也。（《説文解字注 · 木部》，第 270 頁下）

313. 楬 jié

楬櫫也。［注］從木，曷聲。《春秋傳》曰：楬而書之。其謁切。十五部。

段注：楬櫫，漢人語。許以漢人常語爲訓，故出櫫字於説解，仍不大列櫫篆。（《説文解字注 · 木部》，第 271 頁上）

314. 橆 wú

豐也。从林𣞤。𣞤，或説規模字。［注］從大卌。卌，數之積也。林者，木之多也。橆與庶同意。《商書》曰：庶艸緐橆。文甫切。五部。

段注：或説爽是規模之模字也。或之者，疑之也，故《木部》模下不錄。(《説文解字注·林部》，第271頁下)

315. 楚 chǔ

叢木。一名荊也。[注] 從林，疋聲。創舉切。五部。

段注：一名當作一曰。許書之一曰，有謂别一義者，有謂别一名者。上文叢木泛詞，則一曰爲别一義矣。(《説文解字注·林部》，第271頁下)

316. 鄜 fū

左馮翊縣。从邑，麃聲。甫無切。

段注：按：票聲麃聲當在二部，而孟康鄜音敷者，凡《漢志》地名皆隨其地語言爲音故也。綠省作鄜。(《説文解字注·邑部》，第287頁上)

317. 鄎 xī

姬姓之國，在淮北。[注] 从邑，息聲。今汝南新息是也。相即切。一部。

段注：《左傳》用古文假借字，杜解用《説文》本字，不與經同。此鄭氏注經之例也。(《説文解字注·邑部》，第291頁下)

318. 郋 xí

汝南召陵里。从邑，自聲，讀若奚。[注] 胡雞切。

段注：自聲在十五部，奚聲在十六部，合韻也。許蓋用其方

言如是。(《説文解字注 · 邑部》，第 292 頁上)

319. 酀 ráng

今南陽穰縣。[注] 从邑，襄聲。汝羊切。十部。

段注：酀者古字，穰者漢字，如鄚薊、鄦許、郋息、郚鰲之例。葢許所見古籍作酀，漢時縣名字從禾也。(《説文解字注 · 邑部》，第 292 頁下)

320. 郍 nuó

西夷國。[注] 从邑，冄聲。安定有朝郍縣。諾何切。

段注：按：文王之子耼季。賈逵、韋昭皆云：耼，國名。但其地闕。《史記》作冄。索隱云：冄或作郍。終莫詳其地也。《左傳》莊十八年有郍處。杜云：郍處，楚地。凡若此等異地同名者，今皆不引以茲緐蕪。(《説文解字注 · 邑部》，第 294 頁上)

321. 耒阝 lèi

今桂陽耒陽縣。[注] 从邑，耒聲。盧對切。十五部。

段注：許謂耒阝即今之耒陽縣，如言郋即今之新息，酀即今之穰縣也。其字既異，其地則一，故言今以説之。(《説文解字注 · 邑部》，第 294 頁下)

322. 郠 gěng

琅邪莒邑。[注] 从邑，更聲。《春秋傳》曰：取郠。古杏切。古音在十部。

段注：按：當云莒邑也，在琅邪。如郗，周邑也，在河内之例。(《説文解字注·邑部》，第295頁下)

323. 鄒 zōu

魯縣。古邾婁國，帝顓頊之後所封。[注] 从邑，芻聲。側鳩切。三部。

段注：周時或云鄒，或云邾婁者，語言緩急之殊也。周時作鄒，漢時作騶者，古今字之異也。邾婁各本無婁，今依《韻會》所據正。《左》《穀》作邾，《公羊》《檀弓》作邾婁，婁如字。邾又夷也，邾婁之合聲爲鄒，夷語也。(《説文解字注·邑部》，第296頁上)

324. 郐 tú

邾下邑地。从邑，余聲。魯東有郐城，[注] 讀若塗。同都切。五部。

段注：城當作戎，許書之例未有言城者。(《説文解字注·邑部》，第296頁上)

325. 酄 huān

魯下邑。从邑，雚聲。《春秋傳》曰：齊人來歸酄。[注] 呼官切。十四部。

段注：按：許引左氏則言《春秋傳》曰，引公羊則言《春秋公羊傳》曰，以别於左氏。(《説文解字注·邑部》，第297頁上)

326. 鄿 tán

國也。齊桓公之所滅。从邑，覃聲。［注］徒含切。古音在七部。

段注：許書又無譚字，葢許所據從邑。《齊世家》譌作郯，可證司馬所據正作鄿。鄿譚古今字也。許書有譚長，不以古字廢今字也。(《説文解字注 · 邑部》，第 299 頁上)

327. 郇 qú

地名。［注］从邑，句聲。其俱切。四部。

段注：《左傳》注多不言名，如《毛傳》云：水也，山也，地也，皆是。許君亦不言名，如郣，地也。郇，地也。以及邑也、國也，皆是。凡言名者，後人所改。(《説文解字注 · 邑部》，第 299 頁上)

328. 郂 gāi

陳留鄉。［注］从邑，亥聲。古哀切。一部。

段注：此不云陳留縣鄉，但云陳留鄉，則是舉郡名不箸某縣也。曷爲不箸？有未審也。郖下曰弘農縣，鄏下曰河南縣，是舉郡縣同名之例。(《説文解字注 · 邑部》，第 299 頁上)

329. 鄉 xiāng

國離邑，民所封鄉也。嗇夫别治。从𨛜，皀聲。封圻之内六鄉，六鄉治之。［注］許良切。十部。

段注：許書凡言郡縣鄉亭皆漢制。(《説文解字注 · 𨛜部》第 301 頁上)

330. 旻 mín

秋天也。从日，文聲。《虞書》說：仁覆閔下則偁旻天。［注］武巾切。十三部。

段注：按：許作《五經異義》，不从《爾雅》从《毛詩》。造《説文》兼載二説，而先《爾雅》於毛，與鄭説無不合。葢《異義》早成，《説文》後出，不待鄭之駁正，而已權衡悉當。觀此及社下姓下，皆與《異義》不同，與鄭説相合，可證。(《説文解字注·日部》，第302頁上)

331. 昃 zè

日在西方時側也。从日，仄聲。［注］《易》曰：日昃之離。阻力切。一部。

段注：夫製字各有意義，晏、景、晷、旱之日在上，皆不可易也。日在上而干聲則爲不雨，日在旁而干聲則爲晚。然則昃訓爲日在西方，豈容移日在上？形聲之内非無象形也。(《説文解字注·日部》，第305頁上)

332. 皀 yǎo

望遠合也。从日匕。匕，合也。［注］讀若窈窕之窈。烏皎切。二部。

段注：匕何以訓合？比之省也。猶會下云：曾，益也。曾何以訓益？增之省也，是亦許書言叚借之一也。皀何以省比？有昆字在也。(《説文解字注·日部》，第305頁下)

333. 昌 chāng

美言也。从日，从曰。一曰日光也。［注］《詩》曰：東方昌矣。昌，籀文。尺良切。十部。

段注：圖讖説字多不合本義。(《説文解字注 · 日部》，第306 頁下）

334. 冥 míng

窈也。［注］从日六，从冖。日數十。十六日而月始虧，冥也。冖亦聲。凡冥之屬皆从冥。莫經切。冥在十一部。

段注：許書多宗《爾雅》《毛傳》。(《説文解字注 · 冥部》，第312 頁下）

335. 晶 jīng

精光也。［注］从三日。凡晶之屬皆从晶。子盈切。十一部。

段注：凡言物之盛，皆三其文。(《説文解字注 · 晶部》，第312 頁下）

336. 多 duō

緟也。从緟夕。夕者，相繹也，故爲多。緟夕爲多，緟日爲疊。凡多之屬皆从多。夛，古文並夕。［注］得何切。十七部。

段注：有並與重別者，如棘棗是也。有並與重不別者，夛多是也。(《説文解字注 · 多部》，第 316 頁上）

337. 甹 yóu

木生條也。从乚，由聲。《商書》曰：若顛木之有甹枿。

［注］古文言由枿。［注］以州切。三部。

段注：下云古文言由枿，則作甹者伏生、歐陽、夏侯之書也。許於書偁孔氏而不廢伏生，於此可見矣。［注］古文謂孔氏壁中書也。伏作甹爲正字，孔作由爲叚借字。偁伏又偁孔者，明叚借也。不曰古文甹作由，云古文言由枿者，此偁經非説字也，嫌其無别也，故别之。（《説文解字注・马部》，第316頁下）

338. 稙 zhí

早穜也。从禾，［注］直聲。《詩》曰：稙稚尗麥。常職切。一部。

段注：凡汜言諸穀而字从禾者，依嘉穀爲言也。（《説文解字注・禾部》，第321頁上）

339. 秔 jīng

稻屬。［注］从禾，亢聲。稉，俗秔。古行切。古音在十部。

段注：凡言屬者，以屬見别也。言别者，以别見屬也。重其同則言屬，秔爲稻屬是也。重其異則言别，稗爲禾别是也。（《説文解字注・禾部》，第323頁上）

340. 秦 qín

伯益之後所封國，地宜禾。从禾，舂省。［注］一曰秦，禾名。䆐，籒文秦，从秝。匠鄰切。十二部。

段注：按：此字不以舂禾會意爲本義，以地名爲本義者，通人所傳如是也。（《説文解字注・禾部》，第327頁上）

341. 秅 chá

二秭爲秅。从禾，乇聲。《周禮》曰：［注］二百四十斤爲秉，四秉曰筥，十筥曰稯，十稯曰秅。四百秉爲一秅。宅加切。古音在五部。

段注：許書之例，謂《周官經》曰《周禮》，謂《十七篇》曰《禮》，《十七篇》之記謂之《禮記》。（《說文解字注 · 禾部》，第 328 頁下）

342. 稘 jī

復其時也。从禾，其聲。《唐書》曰：稘三百有六旬。［注］居之切。一部。

段注：曷爲自言偁《書》孔氏古文而從今文說也？古文、今文家標目皆非孔子所題，皆學之者爲之說耳。說則可擇善而從，無足異也。……凡今本《說文》以《堯典》系《虞書》者二十五，皆淺人所妄改，許不應自相舛戾如是。（《說文解字注 · 禾部》，第 329 頁上）

343. 黍 shǔ

禾屬而黏者也。㠯大暑而種，故謂之黍。从禾，雨省聲。孔子曰：黍可爲酒。故从禾入水也。［注］凡黍之屬皆从黍。舒呂切。五部。

段注：此說字形之異說也。凡云孔子曰者，通人所傳。（《說文解字注 · 禾部》，第 329 頁下）

（第十三輯刊用到此，待续）

图书在版编目（CIP）数据

语言历史论丛. 第十三辑/四川师范大学汉语研究所编.
—成都：巴蜀书社，2019. 12

ISBN 978-7-5531-1241-1

Ⅰ. ①语…　Ⅱ. ①四…　Ⅲ. ①语言学－文集　Ⅳ.
①H0-53

中国版本图书馆 CIP 数据核字（2019）第 268313 号

语言历史论丛（第十三辑）　四川师范大学汉语研究所　编

责任编辑	王群栗　马　兰
出　　版	巴蜀书社
	成都市槐树街 2 号　邮编 610031
	总编室电话：(028) 86259397
网　　址	www. bsbook. com
发　　行	巴蜀书社
	发行科电话：(028) 86259422　86259423
经　　销	新华书店
印　　刷	成都春晓印务有限公司
	电话：(028) 88450462
版　　次	2019 年 12 月第 1 版
印　　次	2019 年 12 月第 1 次印刷
成品尺寸	203mm × 140mm
印　　张	6. 625
字　　数	190 千字
书　　号	ISBN 978-7-5531-1241-1
定　　价	30. 00 元